U »Blueprint« im Unterricht

INHALTSANGABE

U.1

Zwei Wochen nach dem Tod der berühmten Komponistin Iris Sellin beginnt ihre Tochter – ihr Klon – Siri, ihre gemeinsame Geschichte niederzuschreiben. Im Alter von 30 Jahren erkrankt Iris an Multipler Sklerose (MS) – einer Krankheit, mit der sich die egomanische sowie kinder- und beziehungslose Musikerin nicht abfinden will. Als sie von den Säugetierklonen des kanadischen Wissenschaftlers Fisher erfährt, beschließt sie, ihn zu treffen und sich von ihm klonen zu lassen (S. 12–22). Beide setzen diesen Plan unverzüglich in die Tat um: Iris' Tochter Siri ist der erste menschliche Klon.

Untermalt von den Kompositionen der stetig arbeitenden Iris verlaufen Schwangerschaft, Geburt und die ersten Jahre in Siris Leben ohne Komplikationen. Vaterlos aufwachsend ist Janeck, der Sohn ihrer Kinderfrau, zumindest eine Art Bruder für Siri. Von der öffentlichen Diskussion um seine Existenz bekommt das Kind nichts mit. Ein erster Riss zeichnet sich ab, als die Großmutter sie als »Monster« bezeichnet und Iris diesen Ausspruch abstreitet (S. 53–57). Siris Heranwachsen und die nun stärker aufflammende Krankheit lassen Iris ihr Ziel vehementer verfolgen: Siri soll in ihre musikalischen Fußstapfen treten und letztlich einmal vollenden, wozu sie selbst aufgrund ihrer Krankheit nicht mehr in der Lage sein wird. Ein gemeinsames Konzert mit der 11-jährigen Siri und die immer stärkere Ähnlichkeit zwischen Mutter und Tochter markieren einen Höhepunkt der Mutter-Tochter-Beziehung, die Siri längst nicht mehr nur als solche wahrnimmt: Sprachlich drückt sich dies in ihrer Wortschöpfung »Muzwi« für »Mutterzwilling« aus (S. 71/72).

Mit 14 verkleidet sich Siri als ihre Mutter, um ihre Großmutter in einer Klinik zu besuchen – erfolgreich (S. 88–91). Heikel wird es, als Kristian, der Freund ihrer Mutter, Gefallen an ihr findet. Iris leidet zusehends stärker an ihren MS-Schüben, während ihre Tochter förmlich aufblüht (S. 92–95). Diese Konfliktlinien verschärfen sich in den kommenden Jahren. Siris Frage nach ihrer eigenen Identität und die Kontrolle ihrer Mutter verschmelzen zu einer harten Front in ihrem Gefühlsleben – in dem sie doch komplett von ihrem »Muzwi« abhängig ist. Ein Zwillingstreffen, das sie alleine besucht, verstört Siri noch mehr. Konsequent drastisch ist ihre eigene Wortschöpfung für Klone: »Missbrut« (S. 96–104). Siri beginnt, ihre Mutter zu hassen, um sich selbst akzeptieren zu können. Äußerlich zeigt sich ihre Abneigung, als sie Kristian, der ihren Verführungsversuchen widersteht, erpresst und von ihm verlangt, ihre Mutter nie mehr zu treffen (S. 106–108). In einem offenen Streit mit Iris weigert Siri sich, deren neue Komposition öffentlich aufzuführen (S. 110/111). Iris beginnt nun ihrerseits, ihre Tochter als Rivalin wahrzunehmen.

Siris erstes Solokonzert verläuft enttäuschend: Sie spielt ausdruckslos, eben nur wie die Kopie. Das Publikum verlangt nach ihrer Mutter, die diesem Drängen nachkommt (S. 114–117). Als Siri kurze Zeit später beim Versuch, ein neues Stück zu spielen, ihre Hände nicht mehr spürt, markiert das den endgültigen Schnitt. Sie zieht nach Hamburg zu Janeck, ändert ihr Aussehen, beginnt ihre Pubertät nachzuholen und zu malen. Ein Gespräch mit Iris endet in Beschimpfungen und einer Gewaltandrohung (S. 128–132). Die körperliche Krankheit ihrer Mutter schlägt sich bei Siri als seelisches Leiden nieder. Auch ein Treffen mit Professor Fisher endet in einem Debakel (S. 144–146). Erst Iris' Tod lässt zu, dass Siri sich als eigenständiges Individuum begreift. Das Begräbnis ihrer Mutter untermalt sie mit einem Konzert – es ist ihr gelungener und letzter Auftritt als Musikerin (S. 156–159). Siri beginnt, an einer Kunsthochschule zu studieren und »Blueprint« zu schreiben. Zehn Jahre später – Siri ist in dem Alter, als Iris die MS-Diagnose erfuhr – ist sie unter dem Pseudonym Double-Jou eine anerkannte Künstlerin (S. 165–173).

Charlotte Kerners Roman »Blueprint« besticht zugleich durch seine inhaltliche Dramatik und die Erzählweise. »Blueprint« wurde unter anderem mit dem Deutschen Jugendliteraturpreis ausgezeichnet und mit Franka Potente in einer Doppelrolle verfilmt.

»Blueprint« im Unterricht © Beltz Verlag · Weinheim und Basel

U.2 DIDAKTISCHES PROFIL DES ROMANS

Wie jeder andere Unterricht auch muss die Behandlung eines Jugendromans einerseits an die Lernvoraussetzungen der Schüler/innen anknüpfen und damit assimilative Aspekte bieten, andererseits auch zusätzliche Anforderungen an das Verstehen stellen. Das didaktische Potenzial des Romans als Unterrichtslektüre liegt damit in der Verknüpfung von vertrauten, assimilativen und eher neuen, akkomodativen Aspekten. Vertraute Charakteristika des Textes sorgen dafür, dass die Schüler/innen von sich aus einen Zugang zum Text finden können und dass Anknüpfungsmöglichkeiten für eine eigene Textdeutung vorhanden sind (Assimilation). Dieser Aspekt betrifft das lesefördernde Potenzial. Neue, zusätzliche Anforderungen, die der Text an ein Verstehen der Schüler/innen stellt, betreffen eher den Bereich des literarischen Lernens. Im Überblick lässt sich das didaktische Profil von »Blueprint« folgendermaßen skizzieren:

Dimension des Textes	Das Vertraute: Möglichkeit zur Assimilation (Leseförderung)	Das Neue: Notwendigkeit zur Akkomodation (literarisches Lernen)
Wirklichkeitsbezug	▶ Realistische Erzählung	▶ Fiktionale Geschichte mit realistischem Hintergrund
Thematik	▶ Humangenetik, Klonen ▶ Mutter-Tochter-Beziehung ▶ Selbstfindung, Entwicklung von Individualität, Pubertät, Erwachsenwerden	▶ Ethik vs. Machbarkeit ▶ Mutter und Tochter sind Zwillinge ▶ Frage, was den Menschen ausmacht, religiöse und philosophische Aspekte
Figuren	▶ Identifikation mit Siri als Ich-Erzählerin und Hauptfigur ▶ Mutter als dominante Persönlichkeit ▶ Fisher als negative Identifikationsfigur	▶ Abgrenzung und Verbindung zwischen zwei Menschen mit den gleichen Genen ▶ Siri als Prototyp einer neuen Seinsform
Sprache/Stil	▶ Wortspiele und -schöpfungen (z. B. Klonopoly, Missbrut)	▶ Vergleiche und Metaphern ▶ Symbolik ▶ Neue Wortkreationen für neue Zusammenhänge ▶ Sarkasmus
Literarische Formelemente/ Erzählkonzept	▶ Dialoge	▶ Vermischung von Realität und Fiktion ▶ Vermischung der Textsorten und Erzählperspektiven

»Blueprint« bietet insgesamt eine gelungene Mischung aus leseförderndem Material und Notwendigkeiten zur Akkomodation bestehender Verstehensschemata. Besonders geeignet erscheint der Roman aufgrund seiner Thematik für die Klassenstufen 8 bis 12. Die Besonderheit des Buchs ist es, schwierige und komplexe Themen wie die Folgen von Humangenetik und die Frage nach dem Kern menschlicher Existenz anschaulich erlebbar zu machen. Fächerübergreifende Bezüge zu Naturwissenschaft, Religion, Ethik, Kunst, Musik (vgl. S. 203–205) können im Unterricht gut hergestellt werden. Durch die Verfilmung des Romans und durch den musikalischen Bezug zu den Werken der Komponistin Violeta Dinescus (S. 204/205) bietet sich vielfältige mediale Unterstützung für die Lektüre des Romans an.

»Blueprint« im Unterricht © Beltz Verlag · Weinheim und Basel

LITERARISCHES PROFIL DES ROMANS

»Blueprint« erzählt eine Zeitspanne von ca. 23 Jahren, von der MS-Diagnose Iris Sellins und deren Entscheidung, sich klonen zu lassen, bis zu ihrem Tod, als ihre Tochter Siri 22 Jahre alt ist. Das vorletzte Kapitel ist eine Bestandsaufnahme, zehn Jahre nach Iris Sellins Tod. Der Roman ist in sieben Kapitel sowie Prolog und Epilog untergliedert, die einzelnen Kapitel sind in Erzählabschnitte von durchschnittlich einer Seite gehalten. Die Erzählweise ist eine Mischung aus Ich-Erzählung und auktorialer Erzählhaltung, die wiederum durch direkte Ansprachen der auktorial erzählenden Siri an ihre (tote) Mutter oder den Leser durchbrochen wird. Am Ende des Buchs kommentiert Charlotte Kerner in einem Nachwort die Thematik ihres Romans, gibt einen kurzen Überblick über den Stand der Wissenschaft (S. 185–193), macht Anmerkungen zur Romanverfilmung (S. 194–202) und führt ihre Quellen auf (S. 203–205).

Themen und Figurenkonstellationen

Zentrales Thema ist das eigene Selbstbewusstsein als Teil der Menschenwürde, festgemacht an der Frage nach den ethischen Aspekten der Möglichkeiten der Humangenetik. Im Mittelpunkt der Handlung stehen die Komponistin und Pianistin Iris Sellin und ihre geklonte Tochter Siri. Siris Suche nach einer eigenen Identität, jenseits der kopierten Gene ihrer Mutter, ist der Leitfaden der Erzählung, die, ausgehend von dieser besonderen Mutter-Tochter-Beziehung, letztendlich auf die Fragen nach dem Kern menschlicher Individualität, nach der Seele eines Menschen abzielt. In diesem Leitmotiv sind diverse Nebenthemen eingebettet: problematische Mutter-Tochter-Beziehungen, die Fragwürdigkeit der Erziehung zu »Wunderkindern« am Beispiel klassischer Musik, der Missbrauch von Kindern als Werkzeug für eigene Ziele. All diese Aspekte sind jedoch dem Kernthema untergeordnet: Siri ist kein »normales« Kind, sondern der erste geklonte Mensch, das genetische Abbild ihrer Mutter und infolgedessen und infolge ihrer Erziehung genauso an diese gekettet, wie sie bestrebt ist, ein eigenes Selbst herauszubilden.

Uneingeschränkt sind Iris und Siri die dominanten Hauptfiguren des Romans. Das Original, Iris, ist ehrgeizig, musikalisch hochtalentiert, egozentrisch und zielstrebig bis zur Skrupellosigkeit. Ihren Entschluss, ihren drohenden körperlichen Niedergang – und Tod – durch einen eigenen Klon quasi zu überlisten (S. 12/13), setzt sie energisch um. Sie lenkt und begleitet ihre Schwangerschaft und Siris Kindheit durch passende Kompositionen (S. 34/35, 63–66, 80–83) und manipuliert ihre Tochter durch musikalische Geschenke wie der Erlaubnis, auf »Mister Black«, ihrem Flügel, zu spielen (S. 62–64), oder eine für sie geschriebene Oper (S. 80/81). Charlotte Kerner zeichnet Iris Sellin als eine Figur, die keine engen persönlichen Bindungen unterhält und ihr gesamtes Leben ihrer Kunst und ihrer Karriere unterordnet. Ihr Tochter-Klon-Wunsch als Reaktion auf die MS-Diagnose trägt ebenso die Züge von verzweifelter Einsamkeit wie auch eines gewissen Größenwahns (S. 13, 19). Dass ihr Leben und ihre Anlagen lebenswert sind, ist für sie dabei eine unverrückbare Grundannahme: »Meine Tochter soll von Anfang an die bestmögliche Umgebung haben und das bin doch ich« (S. 20). In dieser Haltung wird klar, dass für Iris nur ein Klon und niemals ein natürlich empfangenes Kind infrage kommt: »Ich könnte es nicht ertragen, mich an ein unbegabtes Kind zu verschwenden« (S. 21).

Siris Eigenschaften unterscheiden sich zunächst nicht grundlegend von denen ihrer Mutter. Am offensichtlichsten lässt sich das an ihrer Liebe zur Musik und ihrem Talent als Pianistin festmachen (S. 44, 51, 62–64). Bezüglich der Musik oder ihrer Schulnoten sind Siri aufgrund ihrer Anlagen und der Erziehung ihrer Mutter keine Steine in den Weg gelegt. Dementsprechend leicht kommt sie in diesen Lebensbereichen zurecht (S. 44, 73). Eigensinn und Hartnäckigkeit kommen in den Abgrenzungsversuchen zu Iris zum Tragen. Erste Auflehnungen, wie die gelbe Schleife am Muttertagskonzert (S. 82/83), setzen sich in Siris Verkleidung als Iris beim Krankenhausbesuch ihrer Großmutter (S. 88–91) und schließlich der Schwärmerei für Kristian, Iris' Liebhaber, fort (S. 84/85, 92). Diese Episode mündet schließlich in Siris Versuch, Kristian zu verführen (S. 107/108). In ihrer Drohung, Kristian Iris gegenüber zu verleumden, manifestiert sich, dass Siri ihrer Mutter an Härte notfalls nicht nachsteht, eine Einschätzung, die Siri selbst trifft: »Ich bin doch wie du, also verhalte ich mich genauso wie du. Herzlos. Wenigstens in diesem Punkt bin ich voll gelungen!« (S. 132). Kreativität entwickelt Siri zunächst durch Versuche, ihre Existenz zumindest sprachlich unter Kontrolle zu bekommen: »Muzwi« für Mutterzwilling ist ihre erste Wortschöpfung (S. 71), die die Doppelbeziehung zu ihrer Mutter beschreibt, später folgt unter anderem »Missbrut« als Bezeichnung für Klone allgemein und als Anklage ihrer Schöpfer (S. 103). Als sie sich schließlich von Iris und der Musik abwendet, beginnt sie zu malen (S. 132/133). Nach Iris' Tod entwickelt sich Siri zu einer erfolgreichen Künstlerin (S. 165–167).

Die meisten anderen Romanfiguren entwickeln kaum Konturen und bleiben relativ farblos. Wichtige Rollen spielen jedoch Mortimer G. Fisher, der Wissenschaftler, der Siri klont, und Janeck Hausmann, der Sohn von Siris Kinderfrau, der sich zu Siris Spielkamerad, Brudersatz und großer Stütze entwickelt. Dem attraktiven Fisher, der schließlich mit Iris schläft (S. 67), kommt die Rolle eines Komplizen von Iris zu, was er sogar noch nach ihrem Tod darstellt (S. 158/159). Siris irrationale Hoffnung, er könne eine Art Vater für sie sein, endet in einem Debakel (S. 144–146). Er verkörpert den Typus des Wissenschaftlers, der von der Notwendigkeit, das Machbare auch umzusetzen, überzeugt ist (S. 79/80). Janeck, der »große Bruder«, gibt einen gewissen Gegenpart zu Iris: Ihre gemeinsamen Spiele sind der Komponistin ein Dorn im Auge (S. 60/61), ebenso das Kätzchen, das er Siri schenkt (S. 68–70), während Janeck Iris von Anfang an bewusst als Konkurrenz und schlechten Einfluss auf Siri wahrnimmt (S. 41/42, 46). Dabei unterstützt er Siri in jeder Lebenslage: Um sich nach dem Fiasko ihres ersten Solokonzerts von Iris abzunabeln, zieht sie schließlich zu Janeck nach Hamburg (S. 126).

Katharina Sellin, Iris' Mutter, ist die dritte relevante Nebenfigur: Sie liefert die Vorlage für schwierige, vaterlose Mutter-Tochter-Beziehungen. Nach dem frühen Tod ihres Mannes gibt sie ihre Pianistinnen-Laufbahn auf, um ihrer Tochter Iris alles zu ermöglichen, was ihr versagt bleibt (S. 32). Ihre instinktive Abneigung gegen Siri eskaliert, als sie ihre Enkelin – oder ihre Tochter – als »Monster« bezeichnet (S. 53–56). Als Iris diesen Ausspruch Siri gegenüber abstreitet, gibt das auch den ersten Riss im Mutterbild der damals vierjährigen Iris (S. 57).

Erzähltechnik

Charlotte Kerner lässt Siri Sellin ihre Geschichte selbst erzählen: Nach dem Tod ihrer Mutter beginnt sie, ihr Leben niederzuschreiben, was sie im Prolog ankündigt. Die Mischung aus Ich- und auktorialer Erzählung kündigt Siri zu Beginn des ersten Kapitels selbst an (S. 11/12). Siris Erzählung setzt mit Iris Sellins MS-Diagnose und der Entscheidung, einen Klon in die Welt zu setzen, ein. Berichtet Siri von Handlungen ihrer Mutter, geschieht dies in auktorialer Form, immer durchbrochen durch direkte Anreden an Iris in der zweiten Person Singular, die der Erzählung den Charakter einer verspäteten Zwiesprache, zum Teil auch einer Abrechnung geben: »Weiterleben wolltest du in der anderen, oder noch besser, ewig leben!« (S. 14). Gemeinsamkeit mit ihrer Mutter betont dagegen die Verwendung der ersten Person Plural: »Unsere glücklichste Zeit muss unsere Schwangerschaft gewesen sein« (S. 31). Auch der Leser selbst wird als »Einling« direkt angesprochen und einbezogen (S. 38/39, 103–105, 113), eine Technik, die unterstreicht, dass hier ein Thema verhandelt wird, das Stellungnahme von jedem erwarten darf – und den kategorialen Unterschied zwischen Siri und dem »normalen« Leser betont.

Das von Monopoly abgeleitete Wortspiel »Klonopoly« mit den entsprechend geänderten Sprachbildern (»[...] ziehen Sie nicht meinen Freund ein!«, S. 93) ist ein häufiges Stilmittel, das der Erzählung Tempo verleiht und beispielhaft für den oft sarkastischen Unterton ist. Fast als eine Art Refrain fungiert Iris' Satz »Du bist mein Leben« (S. 59). Ein Tagtraum Siris von einer Zirkusvorstellung verzerrt in einem grotesken Verfremdungseffekt den Kampf und die Bindung der beiden Frauen (S. 133–136). Fiktive wissenschaftliche und öffentliche Diskussionen um das Klonen eines Menschen werden als distanzierterer Blickwinkel in die Erzählung eingeschoben (S. 47–49, 78–80). Der Roman endet schließlich im Epilog mit diesem Stilmittel, einem Artikel einer fiktiven Lehrstuhlinhaberin für Humangenetik, der auf Siri Sellins Autobiografie Bezug nimmt (S. 176/177).

Spannungsbögen

Spannungselemente ergeben sich weniger auf der Ebene des großen Handlungsverlaufs – die wesentlichen Informationen hierzu erfährt der Leser bereits auf den ersten paar Seiten – als aus den Details der Geschehnisse, den psychologischen Momenten. Der Beginn von Siris Pubertät ist exemplarisch für dieses Muster. Siris eigene Einschätzung, »Und trotzdem näherten wir uns dem Gipfel der Übereinstimmung. Inniger ging es kaum noch« (S. 85), nimmt die kommenden Konflikte vorweg und macht den Leser gespannt auf das »Wie«. Erläuterungen über den Stand der Wissenschaft, die öffentliche Meinung oder auch direkte Ansprachen an den Leser (S. 38) bilden kleine Brüche in der Erzählung des Lebens der beiden Frauen, die eine Erwartungshaltung entstehen lassen, inwieweit diese Passagen in der Romanhandlung ihren Niederschlag finden (S. 49–51).

Metaphern und Symbole

»Blueprint« ist von den ersten Seiten an durchsetzt mit symbolischen Textelementen und Metaphern. Dies beginnt mit der Namensgebung: Siri, der Klon, ist der rückwärts gelesene Name des Originals Iris. Stetig wiederkehrende Motive sind Vergleiche des Klonens mit einem göttlichen Schöpfungsakt und Analogien, die sich auf Musik beziehen: der Einklang als Symbol für Zwillinge (S. 43), »[...] dieser vermessenen Frau, die sich für eine Göttin hielt« (S. 10), »Die Jungfernzeugung für Frau und Mann« (S. 14), »Der Deckel [des Konzertflügels] bleibt für immer zu, wie bei dem Sarg, in dem Iris jetzt liegt« (S. 9), »Doch unsere DNS [...] konnte von Anfang an nur verdrehte Harmonien hervorbringen« (S. 25).

Im Laufe des Romans werden die verschiedensten Mythen und Erzählungen auf Siris Situation bezogen, u. a. eine griechische Göttinnenstatue (S. 29/30), die afrikanischen Zwillingsnamen Taiwo und Kehinde (S. 35/36), der griechische Mythos von Gott Eros (S. 104/105) sowie die parasitäre Beziehung der Zwillinge Lazarus und Johannes (S. 140/141). Auch Siris Art der Zeitrechnung gibt der Erzählung einen mythischen Charakter. Ihr Zeugungs- und Geburtsjahr liegt »im Jahr null« (S. 22), eine Zählweise, die sie beibehält: »Am Ende des neunten Jahres« (S. 78) bis zum Todesjahr ihrer Mutter, ihr »zweites Jahr null« (S. 155).

Da Iris die Gottheit in diesen Gleichnissen darstellt – »Am Anfang war IHR Wort« (S. 52) –, ist Siris erster Fluchtpunkt gemeinsam mit Janeck konsequenterweise auch religiös besetzt, ein altes Gewölbe einer gotischen Kirche, in dem Siri beginnt, ihre eigenen Wünsche zu formulieren (S. 59–62). Iris' Todeszeitpunkt im Zwillingsmonat Juni – »des zweiundzwanzigsten Jahres« (S. 153) – unterstreicht noch einmal ihre Göttinnenrolle: »Den angemessenen Zeitpunkt finden für IHR Verschwinden« (S. 151).

Die Kompositionen Iris Sellins stehen in Bezug zur Handlung und bilden meist Verweise auf mythisch göttliche Themen. So komponiert sie während ihrer Schwangerschaft ein Orchesterwerk, betitelt nach dem Namen der römisch-antiken Frühlingsgöttin, »Anna Perenna«, sowie »Tautropfen« (S. 34/35). »Eréndira«, eine Oper nach dem Roman von Gabriel García Márquez, zielt durch ihre Handlung auf die Brüche in der Beziehung von Mutter und Tochter (S. 65), das Romanmotiv der am Ende rachsüchtigen Eréndira klingt in dem Streit zwischen Siri und Iris in Hamburg nochmals an (S. 131/132). Eine Collage aus den Originalnoten der »Tautropfen« markiert Siris künstlerischen Neuanfang (S. 133). Das Stück »Dein Leben« (S. 114) bildet schließlich, durch seine missglückte Aufführung, den Auftakt zum endgültigen Bruch, gefolgt von Siris ebenso fehlschlagenden Versuch, »Terra Lonhdana« zu spielen (S. 122/123). Der endgültige musikalische Schlussstrich wird konsequent an Iris' Beerdigung gezogen, Siri spielt ihr letztes Konzert, und zum ersten Mal begeistert sie ihr Publikum (S. 157).

Das biologische Wachstum Siris im Verhältnis zu Iris' Gesundheitszustand symbolisiert die gesamte, ungesunde Symbiose zwischen Mutter und Tochter: Der Höhepunkt ihrer Gemeinsamkeit ist mit dem Beginn von Siris Pubertät erreicht, Auflehnung und Abnabelung folgen und gehen mit dem Aufblühen von Siri bei gleichzeitigem Verfall von Iris einher. Mit 18 – als Erwachsene – zieht Siri die Krankheit ihrer Mutter in eine tiefe Depression, die sie erst mit deren Tod überwindet.

Symbolisch für Siris Verhältnis zu ihrem Mutterzwilling steht auch der schwarze Konzertflügel, »Mister Black«. Zugespitzt wird diese Sichtweise durch Iris' Vergleich des Klaviers mit einer verstimmten Violine (S. 76). Den Flügel spielen zu dürfen bringt Siri einen Schritt näher zur perfekten Blaupause ihrer Mutter, das gemeinsame Musizieren ist ihre stärkste äußerliche Bindung, unter dem Flügel liegend fühlt sich das kleine Mädchen Siri sicher. Dementsprechend gehört zu ihrer Selbstfindung die Entscheidung, nie mehr auf ihm zu spielen und stattdessen ihr Buch »Blueprint« an ihm zu schreiben. Die Göttinnenstatue und der Flügel sind letztlich die beiden einzigen Dinge, die sie nach dem Tod ihrer Mutter behält (S. 164), und ihr beeindruckendes Kunstwerk, »Pollux seul«, besteht aus einem Flügel und bezieht sich auf die Sage von Kastor und Pollux (S. 171–173).

»Blueprint« im Unterricht © Beltz Verlag · Weinheim und Basel

u.4 DEUTUNGSPERSPEKTIVEN

Was macht einen Menschen aus? Sind es die Gene, die ein klares Programm vorgeben, oder sind es die eigenen Erfahrungen, die ein »Selbst« wesentlich beeinflussen? Oder determiniert eine Seele das Individuum? Zu diesen Fragen nimmt Charlotte Kerner in ihrem Roman klar Stellung. Ausgangspunkt bilden die ethischen Fragen der Umsetzung technischer und wissenschaftlicher Möglichkeiten. Humangenetik, die Klonen ermöglicht, stellt die Autorin in Zusammenhang mit einer anderen umwälzenden Technologie des letzten Jahrhunderts – der Atomspaltung. Ihre eindeutige Stellungnahme lässt sich in Siris Vergleich erkennen: »Wir Klone sind wie kleine Atombomben. [...] Nach uns bleibt ein genetisches Hiroshima zurück« (S. 39).

Siri Sellins Werdegang ist ein Plädoyer gegen eine planbare, rationale Technologisierung menschlichen Lebens, das bereits mit den Motiven, die zu ihrer Existenz führen, einsetzt: »Nie gab es eine unvernünftige, verrückte, schöne Liebe, sondern nur Eigennutz, der mich entstehen ließ« (S. 21). Dieses Motiv der Irrationalität von Liebe wird auch auf die Mutter angewendet: »Denn es braucht Neugier und Unvoreingenommenheit, um einen Menschen wirklich und ohne Hintergedanken lieben zu können« (S. 41). Für Siris Lebensweg ist es existenziell, festzustellen, dass sie tatsächlich eine neue Erscheinungsform ist, was ihr auf dem Zwillingstreffen schmerzlich bewusst wird (S. 96–101).

Das Leben des ersten menschlichen Klons ist in doppelter Weise vorherbestimmt. Sie ist das genetische Abbild ihrer Mutter und wird auch mit der einzigen Zielsetzung, dieses Abbild zu perfektionieren, erzogen. Umso stärker erscheint der Drang nach Individualität, da Siri trotz dieser Vorbedingungen verzweifelt nach Emanzipation strebt – unberührt der Umstände, dass es auch die vor Eigensinn strotzenden Gene ihrer Mutter sind, die ihr diesen Kampf ermöglichen, und dass sie diesen erst wirklich aufnimmt, als ihre Mutter schwächer und kränker wird, und erst dann gewinnt, als Iris Sellin stirbt. Verschiedene philosophische und religiöse Konzepte finden insoweit Erwähnung, als ihr gemeinsamer Kern – die Einzigartigkeit des Menschen – betont wird: »Unser freier Wille ist doch die großartigste biologische Leistung! Da können einem alle verdammten Gene gestohlen bleiben« (S. 126). Die mangelnde Individualität eines Klons wird jedoch auch wissenschaftlich begründet (S. 74).

Zwar wird keine Religion ins Zentrum gerückt, aber Verweise, vor allem auf biblische Themen, spielen eine große Rolle (S. 27, und s.o. »Metaphern und Symbole«). Durchgängig werden menschliche Versuche, sich über Naturgesetze hinwegzusetzen – »Gott zu spielen« – als eine Vermessenheit, die niemals ein gutes Ende haben kann, dargestellt. Denn schließlich ist Siri eine komplette Neuschöpfung: Sie ist Tochter und Schwester, ja Zwilling ihrer Mutter (S. 20), eine Konstellation, die auf extreme Verbundenheit und gleichzeitige Zerrissenheit hinausläuft (S. 43). Auch den Zeugungsakt lässt Charlotte Kerner ihre Protagonisten quasi nachholen: »Und von einem Mann ein Kind gemacht zu bekommen, den man noch nicht einmal geküsst hat, war irgendwie auch lachhaft« (S. 68). Klonen als regelrechte Widernatürlichkeit kommt in dem Begriff »Missbrut« und in der Bezeichnung »Gen- und Gefühlsinzest« (S. 109) zum Ausdruck.

Das Konzept, einen Menschen durch Erziehung bzw. Indoktrination zu formen, reißt Siri schließlich symbolisch durch ihre Abwendung von der Musik nieder (S. 36), und die Sichtweise, dass einen Menschen sowohl Erfahrungen als auch Gene bestimmen und einmalig machen, schlägt sich in den Kritiken zu Siris erfolgreicher Kunstausstellung nieder. Obwohl sie ein komplett anderes Metier wählt und versucht, darin radikal zu experimentieren, stimmen die Kritiken fast wortwörtlich mit denen über die ersten Kompositionen ihrer Mutter überein (S. 166). Ebenso wie ihre Mutter ist Siri ohne feste Beziehung und hat den Entschluss gefasst, keine Kinder in die Welt zu setzen. Sie hat sich einerseits emanzipiert, andererseits bleibt sie unwiderlegbar das Produkt der Gene ihrer Mutter – womit das durch den Roman vermittelte Menschenbild noch einmal pointiert wird: Menschen sind mehr als die Summe ihrer Teile – Gene, (eigene) Erfahrungen, Erziehung –, und Versuche, sie am Reißbrett zu entwerfen, pervertieren das, was sie eigentlich ausmacht.

METHODENKISTE

u.5

Die folgende »Methodenkiste« ist als Pool zur Planung einer Unterrichtseinheit zum Roman »Blueprint« gedacht. Sie verbindet anzustrebende Kompetenzen im Deutschunterricht mit möglichen Textumgangsweisen in einem Unterricht zum Roman. Dabei beziehen wir uns auf die von der Kultusministerkonferenz (KMK) verabschiedeten »Bildungsstandards für das Fach Deutsch für den Mittleren Bildungsabschluss«, die die verbindliche Grundlage für alle in den Ländern zu entwickelnden Lehr- und Bildungspläne in der Sekundarstufe I darstellen.

In der rechten Spalte geben wir jeweils mögliche Beispiele für eine konkrete Umsetzung im Unterricht. Hier finden sich auch Verweise zu den Kopiervorlagen und Infoblättern in diesem Heft. Zahlreiche methodische Möglichkeiten sprechen mehrere Bildungsstandards an. Wir haben uns zum Zwecke der Übersichtlichkeit jeweils für einen Bildungsstandard des Bereiches 3.3 (»Lesen – mit Texten und Medien umgehen«) entschieden. Häufig lassen sich auch evidente Bezüge zu den Bildungsstandards der anderen Bereiche herstellen.

Darüber hinaus stehen die vorgeschlagenen Methoden in Verbindung mit einem fächerübergreifenden Ansatz (v.a. mit Biologie, Politik/Gemeinschaftskunde/Sozialkunde, Geschichte, Ethik, Religion oder anderen Fächern), den Sie je nach Klassensituation, Vorwissen und Interessen der Schüler/innen modifizieren können.

Bildungsstandards	Methoden	Beispiele
→ Verschiedene Lesetechniken beherrschen		
• Über grundlegende Lesefertigkeiten verfügen: flüssig, sinnbezogen, überfliegend, selektiv, navigierend lesen	• Ein Kapitel oder eine besonders bedeutsame Stelle unter einem bestimmten Gesichtspunkt (z.B. persönliche Vorliebe, besonderer Erzählstil oder Inhalt) aussuchen, den gestaltenden Lesevortrag vorbereiten und üben	• Textstelle nach Wahl
	• Einen Textausschnitt mit verteilten Rollen lesen	• Streit zwischen Iris und Siri → **k.6**
	• Bestimmte Textstellen auffinden	• Äußerungen und Gedanken der Figuren → **k.7** • Siris Neuanfang → **k.7** • Mit dem Zeilometer arbeiten → **k.1**
→ Strategien zum Leseverstehen kennen und anwenden		
• Leseerwartungen und -erfahrungen bewusst nutzen	• Eine Mindmap erstellen	• Thema Klonen → **k.2**
• Textschemata erfassen, z.B. Aufbau des Textes, wiederkehrende sprachliche Strukturen	• Die Erzählkonstruktion analysieren	• Auktorialer oder Ich-Erzähler → **k.2** • Direkte Anrede → **k.9**
	• Fragen aus dem Text ableiten	• Unterschied natürliche Zeugung und Klonen → **k.2**
	• Bezüge zwischen Textteilen herstellen	• Rivalität zwischen Iris und Janeck → **k.3** • Klone und Zwillinge → **k.5**
• Verfahren zur Textaufnahme kennen und nutzen	• Spannungs- bzw. Stimmungsbogen des Romans oder eines Kapitels grafisch darstellen	• Verhältnis Iris und Siri → **k.9**
	• Eine Inhaltsangabe mithilfe von Satzteilen erstellen	• Kapitel 2 → **k.3**
	• Zu vorgegebenen Antworten Fragen verfassen	→ **k.6**
	• Aussagen am Text überprüfen	• Richtig/falsch ankreuzen → **k.4**
	• Einen Lückentext bearbeiten	→ **k.5**
	• Fragen zum Text beantworten	→ **k.8**
	• Stichwörter formulieren und damit ein Kapitel zusammenfassen	• Zehn Jahre später (Kapitel 7)

Bildungsstandards	Methoden	Beispiele
• Verfahren zur Textaufnahme kennen und nutzen (Forts.)	• Aussagen erklären und konkretisieren	• Missbrut, Mord-Selbstmord → k.5
	• Texte und Textabschnitte zusammenfassen	• Iris' Schwangerschaft
→ Literarische Texte verstehen und nutzen		
• Ein Spektrum angemessener Werke – auch Jugendliteratur – bedeutender Autorinnen und Autoren kennen	• Leben und Werk der Autorin kennenlernen	• Kurzbiografie und Interview → i.1, i.2
	• Thematisch ähnliche Bücher kennenlernen	• Charlotte Kerner: »Geboren 1999«
• Zentrale Inhalte erschließen	• Ein den Text erschließendes Unterrichtsgespräch anhand von Leitfragen führen	• Würde des Menschen, Nutzen und Gefahren neuer Technologie → k.10
	• Einsatz anderer Medien/inhaltlich entsprechend orientierter Zusatztexte zur Erarbeitung der Romanthemen	• Thema Klonen → i.4 • Kinder als Werkzeuge ihrer Eltern → k.10 • Menschenwürde, Kommentare zu Art. 1 GG
• Wesentliche Elemente eines Textes erfassen, z. B. Figuren, Raum- und Zeitdarstellung, Konfliktverlauf	• Eine Figurenkonstellation/ein Soziogramm erarbeiten	• Figurenkonstellation → i.6
	• Ein Thema bzw. Motiv über den ganzen Roman verfolgen	• Siris Suche nach ihrem »Ich« → k.7
	• Figuren charakterisieren	• Siri und Iris → k.2
	• Einen Handlungsstrang mit eigenen Worten beschreiben	• Katharina Sellins Reaktionen → k.3
	• Handlungsräume analysieren, auch hinsichtlich der Symbolik	• Kirchengewölbe → k.3
	• Den Konfliktverlauf zwischen Figuren grafisch bzw. verbal darstellen	• Verhältnis Iris und Siri → k.4 • Ähnlichkeit Siris mit Iris → k.8 • Verhältnis Iris und Siri während des gesamten Romans → k.9
• Wesentliche Fachbegriffe zur Erschließung von Literatur kennen und anwenden	• Die Funktion direkter Anrede erkennen	• An Iris und den Leser → k.9
	• Die Erzählperspektive wechseln: eine Textstelle aus anderer Perspektive erzählen	• Siris missglücktes Solo-Konzert aus Iris' Sicht
	• Einen inneren Monolog einer Figur schreiben	• Iris' Sichtweise, nachdem ihre Mutter Siri als Monster bezeichnet hat
	• Sprachliche Bilder, Metaphern und Symbole erkennen und über ihre Leistungen diskutieren	• Religion und Mythen → k.2 • Symbolik für Siris Neuanfang → k.7 • Jungfernzeugung, »Dein Leben«, »Jahr null« → k.9 • Bezug von Textstellen zur gesamten Thematik → k.9
	• Stilmittel untersuchen	• Weshalb ein fiktiver Sachtext als Epilog? → k.8
• Eigene Deutungen des Textes entwickeln, am Text belegen und sich mit anderen darüber verständigen	• Ein fiktives Interview mit einer Hauptfigur führen	• Interview mit Janeck → k.7
	• Eine Rezension zum Roman verfassen	→ k.11
	• Eine kontroverse Diskussion zu bestimmten Aspekten oder Figuren führen	• Normale vs. künstliche Zeugung → k.2 • Klonwünsche → k.3 • Kopie vs. Original → k.6 • Was ist »ich«? → k.7 • Menschenwürde und Klonen → k.10 • Vgl. Atomkraft vs. Humangenetik → k.10
	• Eine Gesprächsszene zwischen zwei Figuren vorbereiten und spielen	• Streit zwischen Iris und Siri → k.6
• Analytische Methoden anwenden	• Wiederkehrende sprachliche Strukturen untersuchen	• Direkte Anrede an Iris und Leser → k.9
	• Sprachliche Stilmittel untersuchen	• Wortschöpfungen Siris → k.5

»Blueprint« im Unterricht © Beltz Verlag · Weinheim und Basel

Bildungsstandards	Methoden	Beispiele
	• Intertextuellen Bezügen nachgehen	• Einflüsse Siris auf Prof. Kniepers Sachtext → k.8 • Textstellen mit symbolischem Bezug zur gesamten Handlung → k.9 • Bezug von Siris Kunstwerken zu ihrem Leben → k.8
	• Handlungsmotive einer Figur herausarbeiten	• Weshalb will sich Iris Sellin klonen lassen?
	• Textstelle interpretieren und mit eigenen Worten erklären	• Katharina Sellins Reaktion auf Siri → k.3 • Verhältnis Siris zu Klonen und ihrer Mutter (Missbrut, Mord/Selbstmord) → k.5
	• Eine gemeinsame Reflexion zur Lektüre durchführen	• Bezug Menschenwürde zur Romanthematik → k.10 • Kinder als Mittel zum Zweck → k.10 • Vgl. Atomkraft – Humangenetik → k.10
• Produktive Methoden anwenden	• Eine Vorgeschichte erzählen lassen	• Fiktive Tagebuchauszüge von Iris
	• Einen Brief an eine Hauptfigur schreiben	• Brief an Siri → k.4
	• Alternative Realität mithilfe von vorgegebenen Stichwörtern beschreiben	• Eine Welt, in der Klonen möglich ist → k.4
	• Einen Zeitungsbericht schreiben	• Iris' Tod und Beerdigung
	• Ein fiktives Interview mit einer Figur führen	• Interview mit Janeck → k.7
	• Ein zentrales Romanthema auf die eigene Lebenswirklichkeit übertragen	• Was macht »Ich« aus → k.7
	• Einen Tagebucheintrag einer Figur schreiben	• Iris nach ihrem Besuch in Hamburg → k.6
	• Andere Beispiele für eine Textaussage finden	• Original vs. Kopie → k.6
	• Ein Rollenspiel zu einer Szene durchführen	• Streit zwischen Iris und Siri → k.5
	• Eine Mindmap erstellen	• Thema Klonen → k.2
	• Vgl. Romanfigur mit realer Person	• Vgl. Siris und Michael Jacksons Kindheit → k.10
	• Ein Plakat bzw. eine Collage zum Buch erstellen	• Zeichnungen, Zeitungsausschnitte, Textzitate usw.
	• Gedanken und Gefühle einer Person imaginieren	• Prof. Fisher nach der Restaurantszene
	• Freie Assoziation anhand einer Grafik	• Siri vor einem Spiegel → k.12
	• Einen Steckbrief zu einer Figur erstellen	• Iris • Siri • Fisher • Janeck
	• Einen Paralleltext verfassen	• Wie hätte sich Siris Leben mit einer gesunden Mutter entwickelt? → k.10
	• Einen Handlungsort zeichnen	• Janecks und Siris Kirchengewölbe
• Handlungen, Verhaltensweisen und Verhaltensmotive bewerten	• Sympathie/Antipathie zu den Figuren thematisieren	• Charakterisieren von Iris und Siri → k.2
	• Über Handlungen von Figuren diskutieren	• Siris Sicht auf ihr Leben → k.4 • Subjektive Eindrücke über Siris und Iris' Streit → k.6
→ Medien verstehen und nutzen		
• Informationsmöglichkeiten nutzen	• Im Internet zu Themen des Romans recherchieren	• Thema Klonen → i.4
• Medien zur Präsentation und ästhetischen Produktion nutzen	• PowerPoint-Präsentationen bzw. Hypertexte erarbeiten, vorstellen und reflektieren	• Klonen • PID • Kinderstars und ihre Eltern (z. B. Michael Jackson, Britney Spears)

u.6 VORSCHLAG FÜR EINE UNTERRICHTSEINHEIT

Jede Unterrichtseinheit zu einem Jugendroman nimmt sinnvollerweise Bezug auf die konkreten Lernvoraussetzungen der Schüler/innen, aber auch auf Ihre eigenen Erfahrungen und Planungsziele. Wir möchten Ihnen hier ein Grobraster für eine Unterrichtseinheit zu »Blueprint« vorstellen, das dem Grundsatz »erschließend, nicht erschöpfend« folgt. Die Einheit besteht, unterstützt durch die Infoblätter und Kopiervorlagen aus diesem Heft, aus vier unterschiedlichen Modulen:

- Modul A: Lesen und Erarbeiten des Romans
- Modul B: Thematische Aspekte
- Modul C: Projektorientierte Arbeit mit dem Roman
- Modul D: Reflexion der Lektüre

Denkbar ist der Einsatz eines Lesetagebuchs bzw. Leseordners. Hier finden eigene Gedanken und Notizen, aber auch im Unterricht erarbeitete Aspekte Platz und können immer wieder nachgeschlagen werden. Zusätzlich können die Arbeitsblätter darin abgelegt werden, sodass nach und nach ein persönliches »Lektürebuch« entsteht, das am Ende der Einheit als Grundlage für die individuelle Reflexion genutzt werden kann.

Einstiegssequenz
(2–4 Unterrichtsstunden)

- Gemeinsames Betrachten des Titelbildes; Vermutungen zu Titel und Titelbild anstellen
- Assoziationen/Mindmap zum Thema Klonen, Beziehungen Eltern und Kinder, Selbstbewusstsein: Vorerfahrungen und Vorwissen auf einem Plakat sammeln und in der Klasse aufhängen
- Anlegen eines Lesetagebuchs bzw. Leseordners (Titelseite mit leerem Kasten für Titelbild, Inhalts- und Figurenverzeichnis, Informationen zur Autorin)

Modul A: Lesen und Erarbeiten des Romans

- Erste Kontaktaufnahme mit dem Buch: Titelbild, Klappentext, Erstellung eines Zeilometers → **k.1**
- Gemeinsames Lesen des Romananfangs
- Annäherung an die Hauptfiguren des Romans
- Lektüre der Erzählung: teils häuslich (z. B. mit Notizen ins Lesetagebuch oder Deutschheft), teils im Unterricht (Vorlesen durch Lehrer/in und Schüler/innen, stille/freie Lesephasen)
- Schwerpunktmäßige Bearbeitung einiger Szenen/Kapitel mithilfe der Kopiervorlagen
- Weitere Anregungen aus der »Methodenkiste« in diesem Heft → **u.5**

Modul B: Thematische Aspekte

- Bearbeitung von thematisch geprägten Kopiervorlagen
- Bearbeitung von thematischen Aspekten in Einzel-, Partner- oder Gruppenarbeit, z. B. zu den Themen Humangenetik, Individualität, Würde des Menschen, Pubertät, Eltern-Kind-Beziehungen, Umgang mit Konfliktsituationen
- Angeleitete Recherche in Bibliothek und/oder Internet zu Themen der Erzählung.
- Präsentation von Arbeitsergebnissen

Modul C: Projektorientierte Arbeit mit dem Roman

- Die Schüler/innen arbeiten an unterschiedlichen, selbst gewählten Themen in Einzel-, Partner- bzw. Gruppenarbeit
- Bearbeitung der übrigen Kopiervorlagen
- Weitere Anregungen aus der »Methodenkiste« in diesem Heft → **u.5**
- Präsentation der Arbeitsergebnisse

Modul D: Reflexion der Lektüre

- Präsentation von Arbeitsergebnissen aus den Lesetagebüchern
- Verfassen einer Rezension, einer Ich-Erzählung, einer Kapitelübersicht oder einer Zeitungsreportage (z. B. als Leistungskontrolle)
- Abschließendes Gespräch über die subjektiven Leseeindrücke und Bewertungen der Schüler/innen

»Blueprint« im Unterricht © Beltz Verlag · Weinheim und Basel

Infoblätter

© Anja Döring

DIE AUTORIN CHARLOTTE KERNER

i.1

Charlotte Kerner, geboren 1950 in Speyer, studierte Volkswirtschaft und Soziologie in Mannheim. Studienaufenthalte in Kanada (1976) und China (1978) schlossen sich an. Als Journalistin (u.a. für GEO-Wissen, ZEIT und EMMA) gilt ihr Interesse besonders medizinischen Themen, wobei immer Menschen und menschliche Extremsituationen ihre Neugier wecken.

Als Buchautorin hat sich Charlotte Kerner vor allem durch ihre Frauenbiografien einen Namen gemacht. 1987 erhielt sie den Deutschen Jugendliteraturpreis für »Lise, Atomphysikerin. Die Lebensgeschichte der Lise Meitner«. Für den Roman »Blueprint – Blaupause« wurde sie im Jahr 2000 erneut mit dem Deutschen Jugendliteraturpreis geehrt. Das Buch wurde mit Franka Potente in der Doppelrolle Iris/Siri verfilmt und kam Anfang 2004 in die Kinos. Charlotte Kerner lebt mit ihrem Mann und ihrem Sohn in Lübeck.

Werke

- **Jadeperle und großer Mut. Chinesinnen zwischen gestern und morgen** (mit Ann-Kathrin Scheerer), Ravensburg: Otto Maier Verlag, 1980.
- **Kinderkriegen. Ein Nachdenkbuch.** Hrsg. von Charlotte Kerner, Weinheim/Basel: Beltz & Gelberg, 1984/1995.
- **Lise, Atomphysikerin. Die Lebensgeschichte der Lise Meitner.** Weinheim/Basel: Beltz & Gelberg, 1986.
- **Seidenraupe, Dschungelblüte. Die Lebensgeschichte der Maria Sibylla Merian.** Weinheim/Basel: Beltz & Gelberg, 1988.
- **Geboren 1999. Eine Zukunftsgeschichte.** Weinheim/Basel: Beltz & Gelberg, 1989.
- **Nicht nur Madame Curie ... Frauen, die den Nobelpreis bekamen. Band 1.** Hrsg. von Charlotte Kerner. Weinheim/Basel: Beltz & Gelberg, 1990.
- **»Alle Schönheit des Himmels«. Die Lebensgeschichte der Hildegard von Bingen.** Weinheim/Basel: Beltz & Gelberg, 1993.
- **Madame Curie und ihre Schwestern. Frauen, die den Nobelpreis bekamen. Band 2.** Hrsg. von Charlotte Kerner. Weinheim/Basel: Beltz & Gelberg, 1997.
- **Blueprint Blaupause.** Weinheim/Basel: Beltz & Gelberg, 1999.
- **Die Nonkonformistin. Die Lebensgeschichte der Designerin und Architektin Eileen Gray.** Weinheim/Basel: Beltz & Gelberg, 2002.
- **Sternenflug und Sonnenfeuer. Drei Astronominnen und ihre Lebensgeschichte.** Weinheim/Basel: Beltz & Gelberg, 2004.
- **Kopflos.** München: Piper, 2008.
- **Die nächste GENeration. Science + Fiction.** Hrsg. von Charlotte Kerner. Weinheim/Basel: Beltz & Gelberg, 2009.
- **Die Fantastischen 6. Die Lebensgeschichten von Mary Shelley, Bram Stoker, J.R.R. Tolkien, Stanislaw Lem, Philip K. Dick, Stephen King.** Hrsg. von Charlotte Kerner. Weinheim/Basel: Beltz & Gelberg, 2010.
- **Jane Reloaded.** Weinheim/Basel: Beltz & Gelberg, 2011.

INTERVIEW MIT CHARLOTTE KERNER: »IRIS KOMPONIERT SICH SIRI«

1.2

Charlotte Kerner über die Wege zu ihrem Roman, die Entscheidung zur radikalen Erzählperspektive und ihre Lieblingsszenen in »Blueprint«

Frau Kerner, Sie haben Mitte der 1990er-Jahre die Idee zu »Blueprint« gehabt. Wie hat sich diese Idee entwickelt?

Anfang der 1980er-Jahre war ich Stipendiatin im Wissenschaftsressort der ZEIT. Damals ist mein Interesse an der Reproduktionsmedizin entstanden. Das Thema »Klonen« war schon länger ein Thema. Einerseits ging es um die Frage: Würde das überhaupt gehen, eine genetische Information eines Zellkerns wieder auf Null zu stellen und von vorne anzufangen? Es gab Romane zu dem Thema, aber das waren eher abgedrehte Science-Fiction-Geschichten. Und eine zweite Frage stellte sich: Was würde es psychologisch bedeuten, wenn man von einem Menschen mehrere Kopien herstellen kann? 1993 zeigten amerikanische Wissenschaftler, dass aus einem menschlichen Embryo im Vier-Zell-Stadium oder Acht-Zell-Stadium – durch einfaches Auseinanderschnippeln – zeitgleiche Klone produziert werden können. Das war für mich der Anlass, noch einmal das Klon-Thema zu recherchieren und zu fragen: Würde es wirklich gehen, nicht nur auf diese simple Methode zu klonen, sondern etwa eine Charlotte Kerner nach 40 oder 50 Lebensjahren noch einmal zu erschaffen? Und genau das gelang bereits drei Jahre später beim Schaf »Dolly«. Mich interessiert jedoch mehr, wie schon bei dem Roman »Geboren 1999«: Was bedeutet es für die Betroffenen, die wissenschaftliche Erkenntnisse anwenden, für den Macher wie für die Gemachten?

Wie ist es Ihrer Ansicht nach in der öffentlichen und wissenschaftlichen Diskussion gerade um diese Frage bestellt?

In den wissenschaftlichen Kreisen, die über Klonen und Reproduktionsmedizin forschen und diskutieren, spielt diese Frage natürlich eine Rolle. Insgesamt gab und gibt es in Deutschland dazu eine sehr qualifizierte öffentliche Diskussion. In diesem Jahr zeigte sich das bei der PID-Debatte im Deutschen Bundestag. Das finde ich ermutigend. Als ich aber damals, während der Entstehungszeit von »Blueprint«, Freunden und Bekannten erzählt habe, dass ich mich mit dem Thema Klonen beschäftige, hat sich kaum jemand aufgeregt nach dem Motto: Mich geht das nichts an. Viele koppeln solche Fragen gerne ab.

Inwiefern?

Was in der Zeitung steht, wird bestenfalls zur Kenntnis genommen, aber nicht eingeordnet: Was bedeutet etwas für unsere zukünftige Gesellschaft und unser Menschenbild? Viele Menschen wollen lieber nicht genau wissen, was Klonen ist und was da nicht nur wissenschaftlich passiert. Ich bin immer wieder erschrocken, welche kruden Vorstellungen bis heute existieren: Der Klon steht nicht mit einem Fingerschnippen neben dir, er muss gezeugt werden, er ist Baby, Kind, Jugendlicher, Erwachsener. Ich finde: Wenn man das versteht, dann lässt einen die Klondebatte nicht mehr kalt. Bei »Blueprint« ging es mir nicht um die Diskussion, ob das gefährlich ist oder der Klon eventuell geschädigt sein könnte. Ich bin davon ausgegangen, es klappt perfekt. Aber was passiert dann? Was ist die neue Qualität dieser noch nie dagewesenen Eltern-Kind-Beziehung?

Wie verlief der Arbeitsprozess am Roman?

Um die Erzählperspektive habe ich länger gerungen. Meine erste Idee war, abwechselnd ein Kapitel aus der Sicht des Klons und ein Kapitel aus der Sicht der Klonerin zu schreiben – bis ich gemerkt habe, dass es zu pädagogisch wurde. Ich habe dann radikal aus der Sicht des Klons die Geschichte erzählt. Das empfinde ich als große Stärke des Romans.

Da hat die Verfilmung eine andere Zugangsweise.

Ja, die Verfilmung ist »gerechter«, und dieser – durchaus legitime – Zugang spült das wuchtige Klonthema leider etwas zu »weich«.

Wie haben Sie dann weiter am Roman gearbeitet?

Eine wichtige Frage war: Wie rekonstruiere ich Siris Lebensgeschichte? Ich habe eine Linie konsequent durchgehalten. Zum einen gibt es diese Ich-Takes, diese sehr emotionalen Texte aus der Jetzt-Zeit. Die sollen beim Lesen nerven und spürbar machen, wie die Figur um ihre Identität ringt. Zum anderen gibt es die Texte in der Dritten Person, Siris ganz persön-

»Blueprint« im Unterricht © Beltz Verlag · Weinheim und Basel

liche Erinnerungen, und die müssen weder gerecht noch wahr sein. Wenn man Sie fragen würde: »Wie war das, als Sie sechs Jahre alt waren?«, dann erzählen Sie doch keine objektiven Tatsachen, sondern jeder baut sich seine Erinnerung zusammen, aus Fotos, Erzählungen ... Man stellt sich auch in einer bestimmten Weise dar, viele Aspekte werden ausgeblendet. Genauso geht es Siri.

Und dann?

Im Frühjahr 1997 kam ich mitten in dieser Umarbeitungszeit nach Hause, und mein Mann sagte zu mir: »Die haben ein Schaf geklont«. Und ich sagte: »Wahrscheinlich wurden wieder Zellen geteilt.« »Nein, nein«, antwortete er, »sie haben ein Schaf richtig geklont.« Und das war die berühmte Dolly! Auch aufgrund meiner Recherchen hätte ich nie damit gerechnet, dass ein Säugetier so schnell geklont werden kann. Die Hälfte der Wissenschaftler hat sogar gedacht, das wird nie funktionieren. Ich habe mich zuerst geärgert, dass mein Buch noch nicht fertig war. Dann hatte ich Angst, dass »Blueprint« möglicherweise viel zu spät kommt und jetzt hundert Bücher zu diesem Thema geschrieben werden. Aber letztlich haben Dollys Geburt und die Diskussion darüber den Boden für den Roman bereitet, er kam am Ende genau zur rechten Zeit heraus.

Stand das Ende des Romans für Sie immer schon fest, also Iris' Tod und Siris Emanzipation?

Dass die Mutter sterben muss, wusste ich von Anfang an. Die Frage war eher: Wie lasse ich sie sterben? Ich wollte die Klonerin in einem Alter – etwa mit 50 – sterben lassen, sodass ihrem Spross noch die Chance bleibt, ein eigenes Leben zu leben. Die Multiple Sklerose, die ich Iris angedichtet habe, erfüllte alle Kriterien, die für die Dramaturgie des Romans nützlich waren: die Disposition für die Krankheit, die fehlende Heilungschance, der Verlauf in Schüben, es gibt dramatische Veränderungen und Zusammenbrüche ...

Wie kamen Sie zu der Entscheidung, die Geschichte im Milieu der klassischen Musik anzusiedeln?

Vielleicht erinnern Sie sich: Als Dolly geboren wurde, begann sofort eine Debatte darüber, wen man überhaupt klonen dürfte oder sogar klonen sollte. Und da antworteten viele, nur außergewöhnliche Menschen, wie die schöne Claudia Schiffer, den bösen Adolf Hitler, den klugen Albert Einstein oder die Künstler Thomas Mann oder Wolfgang Amadeus Mozart. Dann hatte ich mich entschieden, Iris eine Komponistin werden zu lassen. Das lieferte auch schöne Sprachbilder, denn Klonen lässt sich durchaus mit dem Komponieren vergleichen. Iris erschafft sich ihr Kind, komponiert sich Siri! Ich brauchte dann nur noch die passende Musik.

Wie haben Sie diese dann gefunden?

Ich habe mich hier in der Lübecker Musikschule mit einer Dozentin getroffen, die sich mit Komponistinnen auskannte, und ihr einen Steckbrief von Iris gegeben. Als ich zwei Wochen später wiederkam, hat sie mir, ohne die Namen der Komponistinnen zu nennen, Stücke auf dem Klavier vorgespielt. Und bei den »Tautropfen« wusste ich sofort: Das ist es! Das war eine total emotionale Entscheidung. Erst dann erfuhr ich, dass Violeta Dinescu, eine aus Rumänien stammende Komponistin, das Stück geschrieben hatte, und kontaktierte sie. Ein echter Glücksfall war das, denn sie hat sich nicht nur über mein Interesse an ihrem Werk gefreut, auch die Titel ihrer Musikstücke waren so treffend, dass ich nichts mehr verändern musste. Viele Schulen haben sich im Kontext der Romanbehandlung auch mit Dinescus moderner Musik beschäftigt. Das finde ich wundervoll und immer wieder spannend.

Gibt es eine Szene oder Figur des Romans, die Sie besonders gerne mögen?

Als Figur mag ich Siri, meine Hauptfigur, am liebsten. Eine meiner Lieblingsszenen ist die Reaktion der Großmutter, als Siri eine Bach-Fuge vorspielt. Hier geht es um das Thema Monster. Diese Szene fehlt in keiner Lesung, dann ist es immer sehr still. Oft werde ich gefragt, ob ich heute den Roman anders schreiben würde, immerhin ist das Buch schon im Jahr 1999 erschienen. Ich glaube, ich würde heute die Figur der Großmutter noch weiter ausbauen.

Weil es eine zusätzliche Dimension mit hineinbringt?

Richtig. So wird dieses ganz Neue, diese Grenzüberschreitung am deutlichsten: Gewissheiten und Generationen lösen sich auf, es gibt keine »Eltern« und keine »Kinder« mehr. Das packt auch Jugendliche bei der Beschäftigung mit »Blueprint«. Es sind doch diese sehr grundsätzlichen Fragen, die sich nicht nur Siri, sondern alle Heranwachsenden so drängend stellen: Wer bin ich denn? Woher komme ich? Warum bin ich auf der Welt? Wer und wie wird bestimmt, was ich will?

»Blueprint« im Unterricht © Beltz Verlag · Weinheim und Basel

Gibt es noch eine Lieblingsszene von Ihnen?

Etwa in der Mitte des Buchs geht Siri auf ein Zwillingstreffen. Dort versteht sie, weil sie nun auch älter ist, zum ersten Mal, was Klonen bedeutet. Sie nennt es »Missbrut«. Das ist der Scheitelpunkt des Romans: Die Lebenslinien beider Figuren kreuzen sich dort, die Linie von Iris fällt danach immer weiter ab, sowohl körperlich als auch psychisch, die von Siri steigt an. Die Machtverhältnisse ändern sich komplett.

»Blueprint« ist von der Kritik gelobt und mit zahlreichen Auszeichnungen bedacht worden. Welche Rückmeldung zum Roman war bzw. ist Ihnen besonders wichtig?

Auf jeden Fall der Deutsche Jugendliteraturpreis. Wobei ich nicht gedacht habe, dass ich ihn – nach meiner Auszeichnung für die Biografie »Lise, Atomphysikerin« – zum zweiten Mal bekommen würde. Die Überraschung und Freude war deshalb umso größer. Damals gab es noch keine Jugendjury, aber zwei Leseclubs hatten mich gleichzeitig ausgezeichnet. Das war genauso wunderbar! Ein hoher offizieller Preis bringt natürlich mediale Aufmerksamkeit und auch Buchverkäufe. Da freuen sich Verlag und Autorin! »Blueprint« war ja nicht von Anfang an der Superbestseller. Inzwischen ist der Roman sogar Schullektüre. Er bleibt im Gespräch, auch weil er so aktuell geblieben ist wie im Jahr 2000!

Wie würden Sie sich einen Literaturunterricht zu »Blueprint« wünschen?

Das ist schwierig zu beantworten. Es hängt maßgeblich von der jeweiligen Gruppe oder Klasse ab. Aber man sollte »Blueprint« zuerst einmal allein und in einem Rutsch lesen und auf sich wirken lassen. Der Roman spaltet extrem. Kein Roman kann allen gefallen. Darauf, denke ich, sollte Literaturunterricht besonders Rücksicht nehmen.

Was denken Sie über die wissenschaftlichen Entwicklungen der Reproduktionsmedizin seit der ersten Veröffentlichung Ihres Romans?

Mit zwei Kolleginnen habe ich 2009 den Reader »Die nächste GENeration – Science + Fiction« geschrieben. Das Buch knüpft an das Klon-Thema von »Blueprint« an, geht aber auch weit darüber hinaus; es liefert Geschichten um »Designerbabys«, dreht sich stärker um die Verbindung von Gentechnik und Fortpflanzungstechniken, die Verwirklichung der Träume vom langen und gesunden Leben!

Auf welchen neuen Roman von Ihnen dürfen wir uns freuen?

Gerade ist »Jane reloaded« erschienen. Nach dem sehr journalistischen ersten Roman »Geboren 1999« habe ich mich bei »Blueprint« und »Kopflos« freigeschrieben, meinen eigenen Stil gefunden. Mittlerweile kann ich unterscheiden: Fact und Fantasy, also »Factasy«, wie ich das nenne, das kann ich gut, das macht meine Bücher erkennbar und anders. Der neue, mein vierter Roman greift wieder wissenschaftliche Erkenntnisse auf – dieses Mal die Entschlüsselung des Neandertaler-Genoms – und treibt sie weiter: Jetzt wird ein ausgestorbener Frühmensch, der *Homo erectus,* erschaffen. »Jane reloaded« erzählt die Geschichte einer jungen Wissenschaftlerin, die Ende des 21. Jahrhunderts in Laos auf einen 18-jährigen Menschen aus der Vergangenheit trifft und damit vielleicht die Zukunft der Menschheit verändert.

Wir freuen uns sehr auf Ihren neuen Roman. Herzlichen Dank für das Gespräch, Frau Kerner!

Interview: Marc Böhmann, Gerald Merkel (September 2011)

»Blueprint« im Unterricht © Beltz Verlag · Weinheim und Basel

PRESSESTIMMEN

i.3

»Das komplizierte Thema ist in ein faszinierendes Stück Literatur eingebettet.«
Süddeutsche Zeitung

»In ihrem zweiten fiktiven Roman nach ›Geboren 1999‹ stellt Charlotte Kerner in eindrucksvoller Weise vor Augen, was Wissenschaft vermag und welche Auswirkungen das auf den Menschen haben kann. Ein faszinierender Beitrag, der Erwachsene und Jugendliche gleichermaßen begeistern wird.«
Der Evangelische Buchberater

»Leicht verständlich schildert Kerner die wissenschaftlichen Voraussetzungen und Verfahrensweisen des Klonens. Was in nicht allzu ferner Zukunft zu erwarten ist, ihre Geschichte nimmt es als Fiktion vorweg und öffnet ein weites Spektrum der damit verbundenen Probleme in gesellschaftlicher, ethischer und individualpsychologischer Hinsicht.«
Deutschlandradio

»Charlotte Kerner gelingt es, die Vorstellung des Klonens mit all seinen positiven und negativen Seiten greifbar zu machen. Letztendlich entpuppt sich das Klonen als etwas Unmenschliches – als der gefährliche Versuch des Menschen, sich einmal Göttlichkeit anzueignen, einmal auf eigene Faust Schöpfer zu spielen.«
Lübecker Nachrichten

»[...] konfrontiert LeserInnen mit moralischen und ethischen Problemen, wie sie bereits heute durch den wissenschaftlichen Fortschritt aufgeworfen werden.«
Rheinische Post

»Die Autorin beschreibt mit Sarkasmus und Spannung bis zur letzten Seite eindrucksvoll ein Leben und eine Beziehung zwischen zwei Menschen, die es bis jetzt noch nicht gegeben hat. – Mit umfangreichem Erklärungsteil.«
Märkische Oderzeitung

»Charlotte Kerner öffnet mit ihrem aufwühlenden Buch ein weites Spektrum der mit dem Klonen verbundenen Probleme in gesellschaftlicher, ethischer und individualpsychologischer Hinsicht.«
Frau und Politik

WEITERFÜHRENDE MATERIALIEN

i.4

Jugendromane

- Kerner, Charlotte: **Geboren 1999. Eine Zukunftsgeschichte.** Weinheim/Basel: Beltz & Gelberg, 1989.
- Eschbach, Andreas: **Perfect Copy – Die zweite Schöpfung.** München: Würzburg, 2002.
- Rabisch, Birgit: **Duplik Jonas 7.** München: dtv, 1996.
- Ziegler, Reinhold: **Perfekt Geklont.** Wien: Carl Ueberreuter, 2005 (vergriffen).

Sachbücher

- Kleesattel, Walter: **Pocket Thema. Gentechnik.** Berlin: Cornelsen Scriptor, 2002.
- Jefferis, David: **Was ist Gentechnik? Vom Klonschaf bis zur Gentomate.** Bindlach: Loewe, 2002.
- Rehder, Stefan: **Gott spielen. Im Supermarkt der Gentechnik.** München: Pattloch, 2007.
- Rifkin, Jeremy: **Das biotechnische Zeitalter. Die Geschäfte mit der Gentechnik.** Hamburg: Campus, 2007.
- **Staguhn, Gerhard: Die Suche nach dem Bauplan des Lebens. Evolutionstheorien, Gentechnik, Gehirnforschung.** München: dtv, 2005.

Didaktische Literatur zu »Blueprint«

- Lange, Günter: **Charlotte Kerners Jugendromane in der Sekundarstufe I und II.** Baltmannsweiler: Schneider Hohengehren, 2006.

Filme

- **Blueprint Blaupause.** Deutschland 2003. 110 Minuten. Regie: Rolf Schübel. FSK 12.
- **Geboren 1999.** Deutschland 1991. 90 Minuten. Regie: Kai Wessel. VHS.
- **Gattaca.** USA 1997. 106 Minuten. Regie: Andrew Niccol. FSK 12.
  In der Gesellschaft der Zukunft entscheidet ein Gentest über das Schicksal frisch geborener Kinder.
- **Die Insel.** USA 2005. 130 Minuten. Regie: Michael Bay. FSK 16 (!).
  In nicht allzu ferner Zukunft werden in einem von der Außenwelt abgeschotteten Labor exakte menschliche Kopien gezüchtet.

Dokumentarfilme

- **Klonen – Fluch oder Segen?** National Geographic. USA 2003. 52 Minuten.
  Klonen ist für die einen der Schritt in eine rosigere Zukunft, für die anderen die Bedrohung der Schöpfung. Der Film thematisiert beide Aspekte.
- **Klonen. Wie Dolly unsere Welt veränderte.** Deutschland 2002. 17 Minuten. Produzent: Hagemann – Bildungsmedien, Düsseldorf.
  Im Februar 1997 präsentierten schottische Wissenschaftler das erste geklonte Säugetier. Das Schaf Dolly, das aus einer Körperzelle eines erwachsenen Schafes geschaffen worden war, erlangte Weltruhm – und ein neues Zeitalter der Biotechnologie hatte begonnen.

Links PID

(Anfang Juli 2011, Gesetzesvorlage im Bundestag)

- www.spiegel.de/wissenschaft/medizin/0,1518,772905,00.html
- www.faz.net/artikel/C31373/praeimplantations-diagnostik-wider-den-pid-alarmismus-30457626.html
- www.faz.net/artikel/S30923/gentests-an-embryonen-bundestag-billigt-pid-in-grenzen-30458193.html
- www.zeit.de/wissen/gesundheit/2011-07/pid-zulassung-kommentar
- www.welt.de/themen/PID/
- www.nzz.ch/nachrichten/kultur/aktuell/zeugung_auf_probe_1.9406340.html
- www.sueddeutsche.de/wissen/gesetz-zur-pid-der-bundestag-hat-entschieden-an-der-gesellschaft-vorbei-1.1117302
- www.weissgarnix.de/2010/12/21/ethik-oder-religioser-glaube/
- www.weissgarnix.de/2011/01/28/gott-kommt-zuruck-durch-die-hintertur/
- www.fr-online.de/politik/wenn-das-gewissen-entscheidet/-/1472596/8640972/-/index.html

Links zum Thema Klonen

(Abruf: September 2011)

- http://de.wikipedia.org/wiki/Klonen
- http://de.wikipedia.org/wiki/Eugenik#Rassismus_und_Imperialismus
- www.wissenschaft-online.de/abo/lexikon/biok/6448
- www.planet-schule.de/wissenspool/total-phaenomenal/inhalt/sendungen/klonierung.html
- www.geburtskanal.de/Wissen/G/Genforschung_MacherDesKlonmenschen.php
- www.zeit.de/2001/12/200112_klonen.xml
- www.spiegel.de/politik/debatte/0,1518,167959,00.html
- www.lehrer-online.de/therapeutisches-klonen.php
- www.spiegel.de/thema/klonen/
- www.zeit.de/wissen/2010-10/eu-klonfleisch
- www.zeit.de/schlagworte/themen/Klonen
- www.bionetonline.org/deutsch/content/sc_cont5.htm

»Blueprint« im Unterricht © Beltz Verlag · Weinheim und Basel

INFOTEXT KLONEN

i.5

»Klonen (altgriechisch κλών: Zweig, Schössling) bezeichnet die Erzeugung eines oder mehrerer genetisch identischer Individuen von Lebewesen. Die Gesamtheit der genetisch identischen Nachkommenschaft wird bei ganzen Organismen wie auch bei Zellen als *Klon* bezeichnet« (Wikipedia, http://de.wikipedia.org/wiki/Klonen). In der Landwirtschaft hat diese Technik bereits lange Tradition, das Klonen von Tieren oder gar Menschen dagegen ist technologisch (noch) nicht ausgereift und heftig umstritten.

Dolly & Co. – Klonen von Tieren

1996 erblickte das Schaf Dolly in Schottland das Licht der Welt: eine exakte Kopie eines ausgewachsenen Schafes. Der Begriff »reproduktives Klonen« bekam eine neue Dimension. Auch wenn Dolly im Alter von sechs Jahren, für ein Schaf relativ früh, verstarb, werden Tierklone mittlerweile genauso alt und sind ebenso gesund wie ihre Artgenossen. Auch deren Nachkommen bzw. ihre Klone sind überlebensfähig. Allerdings ist umstritten, ob Fleisch und Milch der Nachkommen geklonter Tiere in der EU angeboten werden dürfen, wie das in den USA und in Kanada bereits üblich ist. In der EU verbietet die Gesetzeslage das Klonen.

Menschenklon

Bisher ist es noch nicht gelungen, einen Menschen zu klonen. Generell wird hier zwischen zwei Ansätzen unterschieden:

Therapeutisches Klonen

Es soll kein Doppelgänger geschaffen werden, vielmehr steht die Schaffung von embryonalen Stammzellen im Vordergrund, deren Immunsystem mit dem des Spenders identisch ist. Ziel ist die therapeutische Anwendung, es sollen Gewebearten, möglicherweise ganze Organe gezüchtet werden. Werden die Stammzellen dem späteren Empfänger entnommen, liegt der Vorteil in der Identität der Zellen. So kommt es zu keinen Abwehrreaktionen des Körpers.

Reproduktives Klonen

Noch ist es nicht gelungen, reproduktives Klonen auf den Menschen zu übertragen – im Roman ist also Professor Fisher dem heutigen Stand der Wissenschaft weit voraus. In den meisten Industriestaaten ist das Klonen von Menschen verboten, »Bioethik« ist der Oberbegriff hinter den zugrunde liegenden Überlegungen.

Ähnliches Thema: PID

Der Begriff PID (Präimplantationsdiagnostik) beschreibt die Untersuchung eines Embryos vor einer künstlichen Befruchtung. Erbkrankheiten, Fehlgeburten und andere Komplikationen sollen dadurch vermieden werden, es kann aber z. B. auch das Geschlecht des Kindes bestimmt werden. In den meisten Industriestaaten ist PID erlaubt, in Deutschland erst seit Juli 2011.

Der Teufel an der Wand: Eugenik

»Kriminelle sollten sterilisiert werden, und Minderbegabten sollte verboten werden, Nachkommen zu hinterlassen. [...] Wir sollten dafür sorgen, dass sich vor allem die geeigneten Menschen fortpflanzen« (Theodore Roosevelt, Präsident der USA von 1901–1909).

Unter Eugenik versteht man die Anwendung humangenetischer Erkenntnisse auf die Bevölkerungs- und Gesundheitspolitik. Ziel ist es, positiv bewertete Erbanlagen zu fördern und negative zu verringern bzw. zu vernichten. Der Begriff stammt aus dem 19. Jahrhundert, im Nationalsozialismus mündete er schließlich mit dem Begriff Euthanasie in der Vernichtung von für unwert gehaltenem Leben. Nach 1945 wendeten sich die meisten Staaten von der Eugenik ab. PID wird von Kritikern als eine Art vorgeburtlicher Eugenik bezeichnet.

i.b TABELLARISCHE KAPITELÜBERSICHT

Kapitel	Seite	Erzähltes Geschehen
Prolog	9–10	Nach dem Tod des »Mutterzwillings« beschließt die Erzählerin, ihren Konzertflügel nie mehr anzufassen und ihre Lebensgeschichte aufzuschreiben – die sie »Blueprint« nennt, ihr favorisiertes Wort für »Klon«.
1	11–37	Siri Sellin beginnt ihren Bericht, als ihre Mutter, Iris Sellin, im Alter von 30 Jahren von ihrer Multiple-Sklerose-Erkrankung erfährt. Die Komponistin will sich nicht mit der Diagnose abfinden und bereut ihre Kinderlosigkeit. In einem Zeitungsartikel liest sie von dem Wissenschaftler Fisher in Montreal, der enorme Fortschritte im Klonen von Säugetieren gemacht habe. Sofort beschließt sie, ein Konzert in Montreal mit einem Termin mit Fisher zu verbinden. Sie bietet ihm an, sie zu klonen – und damit den ersten Menschen überhaupt. Fisher ist einverstanden. Iris beschließt, ihr Kind – und ihren Zwilling – selbst auszutragen. Anfang des Jahres 2000 setzen die beiden ihren Plan in die Tat um. Die beständig von Iris' Kompositionen untermalte Schwangerschaft verläuft ebenso unkompliziert wie die Geburt.
2	38–70	Während der ersten Monate nach der Geburt schwankt Iris zwischen »normalen« Muttergefühlen und der Zweckgebundenheit ihrer Mutterschaft. Eine Kinderfrau, die Musikpädagogin Frau Hausmann, Mutter des viereinhalbjährigen Janeck, unterstützt Iris. Kaum kann Siri laufen, beginnt sie Klavier zu spielen und übt bereits als Vierjährige stundenlang freiwillig. Obwohl Siri keine unglückliche Kindheit durchlebt, fehlt ihr die Mutter oft, wenn diese auf Tourneen ist. Ein Jahr nach der Geburt Siris machen Fisher und Iris Sellin ihr Tun öffentlich. Siris Großmutter, Katharina Sellin, wird beim Klavierspiel der Vierjährigen klar, dass Siri tatsächlich dieselbe Person wie ihre Tochter Iris ist, und bezeichnet sie als ein Monster. Als Iris diesen Ausspruch Katharinas bestreitet, bekommt Siris Mutterbild einen ersten Riss. Im folgenden Jahr erleidet Iris ihren ersten schweren MS-Schub seit Siris Geburt. Als einen Gegenpart zu Iris erlebt Siri mit Janeck etliche kleine Abenteuer – was Iris missbilligt. Zur Premiere von Iris' erster Oper begleitet Siri ihre Mutter nicht, weil Janeck ihr in diesem Fall eine Überraschung verspricht: ein junges Kätzchen. Als Iris sie während eines Konzerts auf die Bühne holt und ihr zuraunt, dass sie bald zusammen auftreten, hat dies die erwünschte Wirkung auf Siri: Sie verschenkt das Kätzchen, damit sie mehr üben kann.
3	71–95	Obwohl Siri immer selbstständiger wird und zum Beispiel die Wortkreation »Muzwi« – Mutterzwilling – für ihre Mutter erfindet, geht sie völlig in Iris' Plänen auf. Zu ihrem neunten Geburtstag schenkt Iris Siri ihre Opernpartitur »Der 35. Mai«. Mit elf Jahren steht Siri das erste Mal gemeinsam mit Iris zu einem »Muttertagskonzert« auf der Bühne. Siri beginnt, für Iris' Freund Kristian zu schwärmen, und die Ähnlichkeit mit ihrer Mutter wird immer größer. Als ihre Großmutter im Krankenhaus liegt, schlüpft Siri in die Rolle ihrer Mutter und besucht Katharina als Iris in der Klinik. Kristian sieht in ihr ebenfalls eine attraktive Frau. Iris empfindet ihre Tochter zum ersten Mal als Rivalin: Während ihre Tochter aufblüht, geht es mit ihr selbst bergab.
4	96–112	Mit 15 Jahren besucht Siri ein Zwillingstreffen, das sie verstört verlässt. Je stärker ihr Hass auf ihre Mutter wird, desto mehr akzeptiert Siri sich und ihren Körper. Nach ihrem missglückten Versuch, Kristian zu verführen, droht sie ihm an, ihn Iris gegenüber als Verführer anzuschwärzen, falls er sich je wieder bei ihnen sehen lassen würde. Bei einem Streit um eine neue Komposition eskaliert der Konflikt zwischen Mutter und Tochter zum ersten Mal offen.
5	113–136	Siris erstes Solokonzert verläuft enttäuschend: Sie spielt ohne Ausdruck, und schließlich verlangt das Publikum nach Iris. Nach dieser Beschämung fährt Siri mit Janeck ein paar Tage ans Meer. Als Siri versucht, ein neues Stück – die letzte Komposition ihrer Mutter – zu spielen, spürt sie ihre Hände nicht mehr. Sie zieht zu Janeck nach Hamburg, ändert ihr Aussehen, betrinkt sich zum ersten Mal, schläft mit einem Freund von Janeck und beginnt zu malen. Ein Gespräch zwischen Mutter und Tochter endet in Bedrohungen und Beschimpfungen. Siri empfindet nun nur noch Mitleid für ihre immer schwächer werdende Mutter.
6	137–164	Siri, schwer depressiv, pendelt nun zwischen Hamburg und ihrem kranken Mutterzwilling. Ein Treffen von Siri und Janeck mit Fisher endet in einem Fiasko. Schließlich, im Juni, stirbt Iris – Siri begreift sich endlich als Individuum. An Iris' Begräbnis zieht Siri alle Anwesenden mit ihrem Klavierspiel in ihren Bann. Nach einem Angebot der Konzertagentur ihrer Mutter zerschneidet Siri ihr blaues Konzertkleid. Die Tagebücher ihrer Mutter wirft sie weg und entscheidet sich für ein Studium an einer Kunsthochschule.
7	165–173	Zehn Jahre später ist Siri eine anerkannte Künstlerin, die gerade erstmals unter ihrem Pseudonym Double-Jou ausstellt. Die Kritiken ähneln sehr stark den Artikeln über Iris' erste musikalische Werke. Bei der Ausstellungseröffnung ist auch der Sohn von Professor Fisher anwesend.
Epilog	174–177	Wissenschaftliche Einordnung von Siris Buch »Blueprint« seitens der Leiterin der »Kommission für Fortpflanzungsfortschritt«: »Blueprint« sei in vielerlei Hinsicht – inklusive solcher Begriffe wie »Klon-Elter« oder »Missbrut« – wegweisend.

»Blueprint« im Unterricht © Beltz Verlag · Weinheim und Basel

FIGURENKONSTELLATION

i.7

Iris Sellin

Pianistin und Komponistin

Beschließt nach einer MS-Diagnose, sich klonen zu lassen.

Professor Mortimer G. Fisher

Humangenetiker, Iris' Erzengel Gabriel. Er klont den ersten Menschen: Siri.

Thomas Weber

Manager und enger Vertrauter von Iris

Daniela »Dada« Hausmann

Siris Kinderfrau und Mutter von Janeck

Janeck »Janne« Hausmann

Sohn von Siris Kinderfrau, Brudererersatz und verlässliche Stütze von Siri.

Kristian

Architekt, eine Zeitlang Iris' Liebhaber

Katharina Sellin

Iris' Mutter, gab ihre Pianistinnen-Laufbahn nach dem Tod ihres Mannes auf, um ihrer Tochter eine solche zu ermöglichen.

Jonathan Fisher

Sohn von Mortimer G. Fisher, kein Klon

Siri Sellin

Klon, Tochter und Zwilling von Iris

Soll als Musikerin in die Stapfen ihrer Mutter treten.

Lesezeichen und Zeilometer

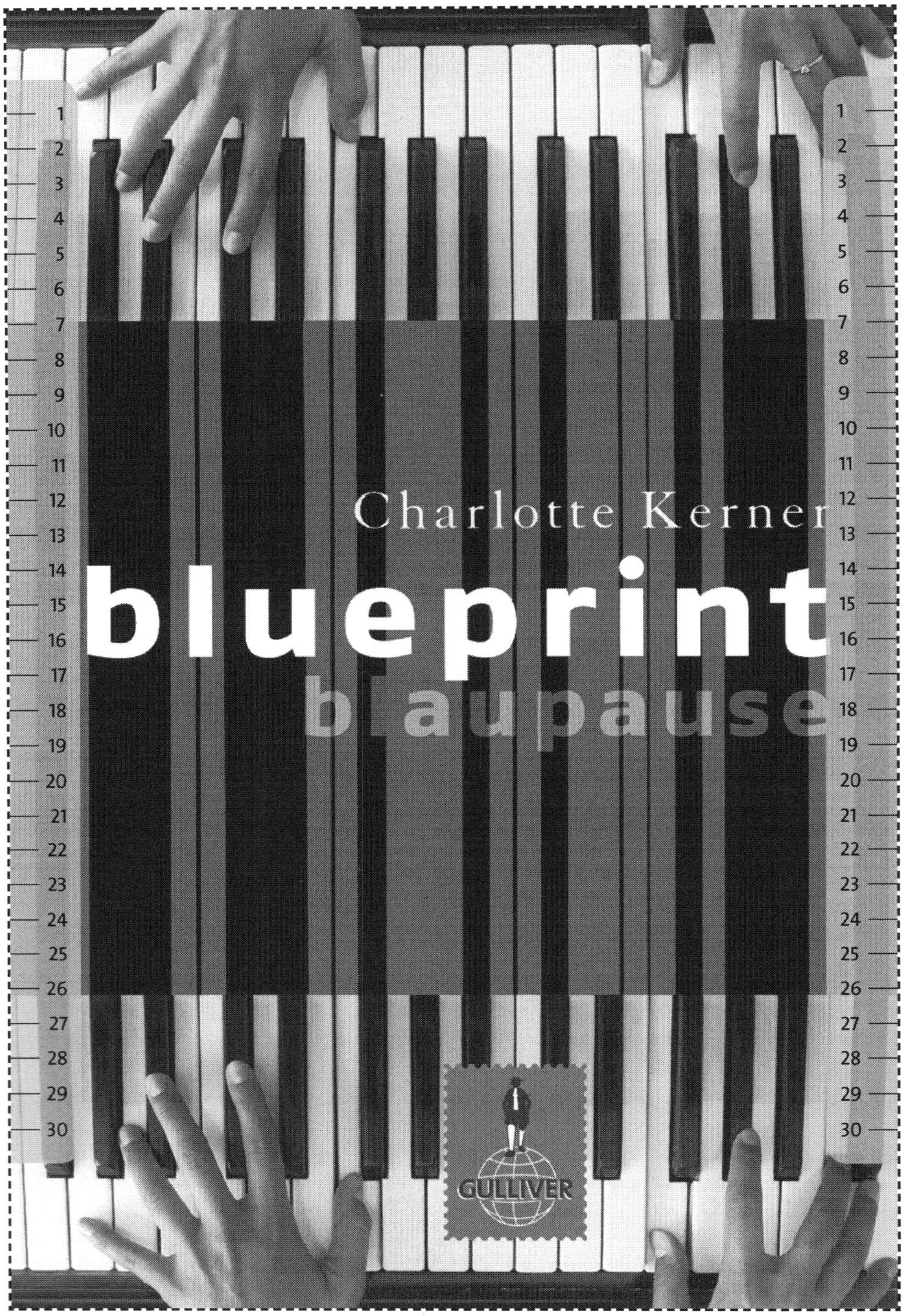

Dieses Lesezeichen kann dir dabei helfen, bestimmte Textstellen zu finden und exakt anzugeben, wo du eine Information gefunden hast. Lege das Zeilometer am oberen Buchrand an – die Zahlen sagen dir, in welcher Zeile du gerade etwas liest.

Du kannst natürlich auch dein individuelles Zeilometer gestalten.

Tipp: Für die Arbeit mit dem Buch ist es hilfreich, die Kapitel durchzunummerieren.

»Blueprint« im Unterricht © Beltz Verlag · Weinheim und Basel

»... eine der ersten unserer Art«

Siri beginnt zu berichten: Ihre Entstehung ...

1. Dem ersten Kapitel ist ein Prolog vorangestellt. Was erfährst du hier schon über die Handlung des Romans? Fasse knapp zusammen.

2. Siri Sellin berichtet im ersten Kapitel von ihrer Mutter Iris zur Zeit vor ihrer eigenen Geburt.

a) Charakterisiere Iris Sellin anhand dieser Beschreibungen.

b) Siri kommt in diesem Kapitel eigentlich noch gar nicht vor. Trotzdem erfährst du viel über sie. Fasse in Stichworten zusammen.

3. Iris Sellin klont sich selbst und gebärt so den ersten Menschenklon. Was weißt du bereits über das Thema Klonen? Erstelle eine Mindmap.

4. Auf den Seiten 11/12 kündigt Siri Sellin an, dass sie aus verschiedenen Perspektiven erzählen wird.

a) Gehe die einzelnen Abschnitte im ersten Kapitel durch und notiere die verschiedenen Erzählweisen.

b) Welche unterschiedlichen Wirkungen haben diese unterschiedlichen Abschnitte auf dich?

5. Obwohl Klonen eine naturwissenschaftliche Technologie ist, gibt es mehrere Verweise auf Religion und mythische Legenden im ersten Kapitel.

a) Sammle diese Textstellen und ordne sie der Handlung zu.

b) Was könnte Charlotte Kerner mit diesen Textstellen beabsichtigen?

6. Was erfährst du im ersten Kapitel über die Unterschiede zwischen einer normalen Zeugung, Schwangerschaft und Geburt im Unterschied zu Siris Entstehung? Wo siehst du Vorteile und worin Nachteile?

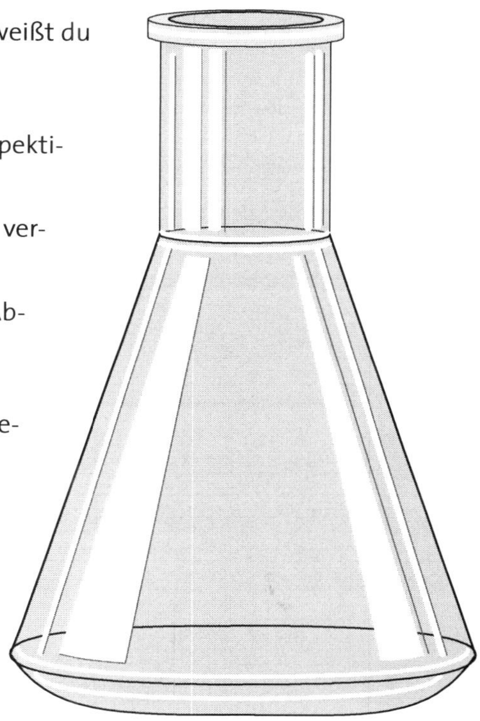

Tipp

Auf diesen Seiten des Buchs findest du die gesuchten Angaben:

- Hilfe zu Aufgabe 2a: S. 12–15, 18/19, 20/21, 25, 30, 32
- Hilfe zu Aufgabe 2b: S. 11, 15, 26/27, 35–37
- Hilfe zu Aufgabe 4a: S. 12/13: auktorial, S. 13/14: Siri spricht ihre Mutter in der zweiten Person Singular direkt an.
- Hilfe zu Aufgabe 5a: S. 14, 22, 27/28, 29/30
- Hilfe zu Aufgabe 6: S. 13, 14, 18–21, 23–25, 26, 27/28, 31, 35–37

»Blueprint« im Unterricht © Beltz Verlag · Weinheim und Basel

»Denn ich bin du und du bist ich«

Siris ersten Lebensjahre: Musik und Gleichklang mit Iris …

1. Bringe die folgenden Stichwörter in eine Reihenfolge, die zum Text passt, und erstelle mit ihnen eine Inhaltsangabe zum zweiten Kapitel.

eine besondere Geburtstagsüberraschung • schwerer Krankheitsschub • schwarze Katze mit weißer Pfote • Oma oder auch Mutter • Babybilder von Iris • Kletter-auf-die-Bäume-Bruder • ichdu und duich • ihr Lieblingsspielzeug, das Klavier • heftige öffentliche Diskussionen • Siri als Monster • Vorfreude auf ein Duett • Erziehungsprogramm *Iris two* • Opernpremiere in New York • dieser schreckliche Junge • keine Zeit für Unnützes • Wiedersehen mit Professor Fisher

2. In Kapitel 2 entsteht eine gewisse Rivalität zwischen Iris und Janeck. Was bieten die beiden Siri an Geschenken, Unternehmungen und Einflüssen?

Ordne deine Beobachtungen in einer Tabelle mit Textbeleg (Seitenangabe), unter Berücksichtigung der Wirkung auf Siri.

Iris	Wirkung auf Siri	Janeck	Wirkung auf Siri
spielt ihr vor und bringt ihr Klavierspielen bei (S. 43/44)	glücklich, Klavier ist ihr liebstes Spielzeug	ist der »Kletter-auf-die-Bäume-Bruder« (S. 46)	bringt Normalität in ihre vom Klavierspielen geprägte Kindheit

3. Auf Seite 48/49 werden verschiedene Motive von Menschen beschrieben, die sich Klone ihrer Kinder, von sich selbst oder ihren Lebenspartnern wünschen.

a) Beschreibe die Motive: Was sind die Unterschiede und Gemeinsamkeiten?

b) Kannst du die Gründe nachvollziehen? Wem würdest du das Klonen ermöglichen und wem eher nicht? Begründe deine Meinung und diskutiert in der Gruppe oder Klasse darüber.

4. Katharina Sellin reagiert heftig und ablehnend auf ein Klavierspiel Siris. Erkläre in eigenen Worten: Warum ist für Katharina Sellin ihre Mutterschaft entwertet, seit ihre Tochter sich geklont hat?

5. Siris und Janecks geheimer Spielplatz und »Wünscheort«, von dem Iris nichts weiß, ist das Gewölbe einer gotischen Kirche. Charlotte Kerner hat diesen Platz sicherlich nicht zufällig gewählt. Was könnte sie damit ausdrücken wollen?

Tipp

Auf diesen Seiten des Buchs findest du die gesuchten Angaben:

- Hilfe zu Aufgabe 2: S. 50, 51, 57, 59–61, 62–64, 65/66, 68/69, 70
- Hilfe zu Aufgabe 5: S. 59–62

»Blueprint« im Unterricht © Beltz Verlag · Weinheim und Basel

»Inniger ging es kaum noch«

Äußerlich werden sich Siri und Iris immer ähnlicher. Aber während Siri erblüht, beginnt Iris, kränker zu werden …

1. Richtig oder falsch? Kreuze an, korrigiere gegebenenfalls und schreibe die Seite dazu.

	r	f	Korrektur	Seite
a) Wissenschaftler geben der familiären Beziehung zwischen Iris und Siri offiziell die Bezeichnung »Muzwi«.	○	○		
b) Von Siris Idee, Geige spielen zu wollen, ist Iris begeistert.	○	○		
c) Janne verliebt sich, aber nicht in Siri.	○	○		
d) Siri wäre gern die Tochter von Mortimer G. Fisher.	○	○		
e) Iris' neuer Freund Kristian ist für Siri eine unerwünschte Konkurrenz.	○	○		
f) Katharina merkt nur an Siris Stimme, dass sie nicht Iris ist.	○	○		
g) Die Musik hält Iris und Siri noch zusammen.	○	○		
h) Als Iris kränker wird, ist ihre Tochter ein immer stärkerer Trost für sie.	○	○		

2. Beschreibe das Verhältnis zwischen Iris und Siri im dritten Kapitel, beachte besonders Veränderungen. Belege deine Aussagen am Text.

3. Versuche dir eine Welt vorzustellen, in der das Klonen möglich wäre. Beschreibe diese Gesellschaft in einem Aufsatz. Folgende durch Stichwörter gekennzeichnete Problembereiche kannst du dabei berücksichtigen:

Krankheit • Verständnis für kranke Menschen • Klonen ist teuer • Krankenkassen • hochbegabt • mittelmäßig • Zufall • Familienplan • Individualität • Züchtung • Familien • alleinerziehend

4. Siri ist relativ hübsch, gut in der Schule und eine begabte Pianistin, ihre Mutter ist wohlhabend. Trotzdem klingt durch ihre Erzählweise durch, wie unzufrieden sie mit ihrem Schicksal ist. Ist das für dich verständlich oder übertreibt Siri? Schreibe einen Brief an Siri, in dem du ihr deine Meinung erläuterst.

Tipp

Auf diesen Seiten des Buchs findest du die gesuchten Angaben:
Hilfe zu Aufgabe 2: S. 72/73, 76/77, 80/81, 82/83, 85–88, 91/92, 93–95

»Blueprint« im Unterricht © Beltz Verlag · Weinheim und Basel

»Monstermutter«

Mutter und Tochter beginnen sich zu entzweien – nicht nur wegen einer Komposition von Iris …

1. Fülle die Lücken, verbinde die Satzteile und schreibe sie in richtiger Reihenfolge in dein Heft oder Lesetagebuch. Ergänze in Klammern die Belegstelle (Seite/Zeile).

Dass ____________ sich als Missbrut benennt und begreift,	ist der Auslöser für den ersten Streit über ein Stück von Iris.
Je kränker und älter Iris wird,	blockt er in letzter Sekunde ab.
Ein ____________ als ironischer Kommentar	interpretiert Iris zunächst als Wunsch nach einem Vaterersatz.
____________ Interesse an Kristian	auch diese fühlt zum ersten Mal ____________.
Nicht nur Siri beginnt Iris anders zu sehen,	das sie davon überzeugt, dass sie und ____________ keine echte Einheit sind.
Siri besucht allein ein Zwillingstreffen,	gibt ihr ein neues Bewusstsein und hilft ihr, ihren Körper zu akzeptieren.
Als Siri versucht, Kristian zu ____________,	umso klarer sieht ____________ die Unterschiede zwischen beiden.

2. Das Zwillingstreffen und die Lektüre über Zwillinge lassen Siri zu dem Schluss kommen, dass sie zwar ein Zwilling ist – aber doch auch etwas anderes. Liste die Argumente Klon = Zwilling auf und formuliere dagegen Siris Unterscheidungen (Kapitel 3 und 4).

Klon = Zwilling	Klon ≠ Zwilling
monozygot/eineiig	künstlich hergestellt eineiig

3. Neben »Muzwi« erfindet Siri eine weitere Wortschöpfung: »Missbrut«. Wie kommt sie auf diesen Begriff und was sagt er für sie aus?

4. Erkläre folgende Textstelle in eigenen Worten: »Sich klonen zu lassen ist nicht nur Missbrut, sondern auch Inzest« (S. 109).

5. Versucht, die Streitszene zwischen Iris und Siri (S. 110/111) zuerst mit verteilten Rollen zu lesen und im Rollenspiel darzustellen. Am besten, du unterstreichst das, was die Figuren sagen, in unterschiedlichen Farben.

Tipp

Auf diesen Seiten des Buchs findest du die gesuchten Angaben:
Hilfe zu Aufgabe 2: S. 74–76, 77–80, 96–101, 103–105, 109

»Blueprint« im Unterricht © Beltz Verlag · Weinheim und Basel

»Unscharfer Blueprint«

Siris Leben ändert sich drastisch: Sie hört auf zu musizieren, beginnt zu malen, und – vor allem – sie zieht zu Janeck …

1. Stelle die jeweiligen Fragen zu den vorgegebenen Antworten.

a) ____?
Ihre Hände gehorchen ihr nicht mehr.

b) ____?
Sie ändert ihr Aussehen radikal, geht mit Janeck und seiner Clique tanzen und schläft mit einem Freund von Janeck.

c) ____?
Sie verhält sich ebenso herzlos wie diese.

Tipp

Mögliche Fragen – einige passen aber nicht. Kannst du sie trotzdem beantworten?

- Was macht Siri mit den Originalnoten der Komposition »Tautropfen«?
- Wie endet Siris erstes Solokonzert?
- Wie holt Siri ihre Pubertät in Hamburg nach?
- Weshalb ist Siri nicht in der Lage, Iris' neue Komposition zu spielen?
- In welchem Punkt verhält sich Iris am Ende ihres Streits ihrer Mutter am ähnlichsten?
- Welches Ende hat Siris Tagtraum von der Zirkusvorstellung?
- Mit welchem Geschenk versucht Iris diesmal, Janeck auszustechen?
- Wer tröstet Iris nach dem enttäuschenden Konzert?

2. »Selbst eine noch so perfekte Kopie ist nichts wert und überstrahlt nie das Original« (S. 117). Fallen dir Beispiele ein, die diesen Ausspruch Siris unterstreichen oder ihn widerlegen? Sammle, begründe und diskutiere in der Gruppe oder Klasse.

3. In Kapitel 5 kommt es zu einem heftigen Streit zwischen Iris und Siri (S. 128–132).

a) Lies dir die Textstelle noch einmal durch und notiere möglichst viele subjektive Kommentare am Textrand, die dir spontan beim Lesen einfallen. Das können z. B. Bewertungen, eigene Erfahrungen oder auch Fragen sein, die du dir beim Lesen stellst.

b) Sprecht (z. B. in Partner- oder Gruppenarbeit) über eure individuellen Kommentare und Leseweisen. Wo gibt es Übereinstimmungen? Wo Unterschiede?

4. Verfasse einen Tagebucheintrag von Iris nach dem Streit in Hamburg, in dem sie ihr Verhältnis zu Siri seit dem Solokonzert reflektiert. Schreibe deinen Text in dein Heft oder Lesetagebuch.

»Blueprint« im Unterricht © Beltz Verlag · Weinheim und Basel

»... geklont oder nicht existent«

Iris wird täglich schwächer – ihr Tod zeichnet sich ab ...

1. Wer sagt oder denkt das? Schreibe die Figur und die Textstelle dazu.

	Wer?	Seite/Zeile
Einfach nur für sie da sein, das ist sehr, sehr viel.		
Hattest du eigene Gefühle oder fühltest du nur durch ihn und alles mit ihm?		
Weil es dich gibt, sterben wir zusammen.		
Iris ist eine ganz besondere Frau.		
Beruhige dich doch, er will dir nichts Böses.		
Ich glaube, es geht zu Ende.		
Iris wäre stolz auf dich und besonders auf dein Spiel gewesen.		

2. »Mein Anfang war dein Ende, dein Ende ist mein Anfang« (S. 157). Siris Neuanfang wird durch etliche Handlungen und Ereignisse symbolisch dargestellt.

a) Finde die entsprechenden Textstellen.

b) Welche hat die beeindruckendste Symbolik für einen Neuanfang? Begründe deine Meinung und diskutiert in der Gruppe oder Klasse darüber.

3. Siri beschreibt ihre Unsicherheit, ein Ich zu haben (S. 137) – ein Thema, das sich durch den ganzen Roman zieht.

a) Überlege, was dein eigenes Ich ausmacht, und schreibe es stichpunktartig auf.

b) Welche der Punkte, die du für dich gefunden hast, könnten auch auf Siri zutreffen? Welche nicht? Begründe.

4. Führe ein fiktives Interview mit Janeck, nach dem Ende des Kapitels. Du kannst das Interview entweder aufschreiben, mit einer Partnerin/einem Partner spielen oder auf Kassette aufnehmen.

Tipp

So könnte das Interview beginnen:

Reporter: »Hallo Janeck. Zuallererst: Wie erleichtert bist du, dass Siri ihre Depression anscheinend überwunden hat?«
Janeck: »Na, das ist ja wirklich erst mal das Wichtigste.«

Tipp

Auf diesen Seiten des Buchs findest du die gesuchten Angaben:
Hilfe zu Aufgabe 2a): S. 152/153, 155, 156-158, 161/162, 163/164

»Blueprint« im Unterricht © Beltz Verlag · Weinheim und Basel

»Eine ganz neue Art von Maschinenkunst«

Zehn Jahre nach Iris' Tod: Siri und die Wissenschaft blicken zurück …

1. Beantworte die Fragen.

a) Warum nennt Siri das Todesjahr von Iris ihr zweites Jahr null?

b) Weshalb blockt Siri Jonathan Fishers Annäherungen so unwirsch ab?

c) Welche Wortschöpfungen von Siri gehören laut Professor Knieper mittlerweile zum allgemeinen Sprachgebrauch?

2. Siri lebt als erfolgreiche Künstlerin nun ihr eigenes Leben. In welchen Details aus Kapitel 7 drückt sich Siris Ähnlichkeit mit ihrem »Muzwi« immer noch unverkennbar aus?

3. Inwieweit spiegeln Siris Kunstwerke ihr eigenes Leben als Klon und Zwilling ihrer Mutter wider?

4. Welche Erfahrungen Siris finden sich in Professor Kniepers nüchternem Sachtext wieder?

5. Welche Lehren wurden offenbar aus Siris Buch und der Praxis des Klonens gezogen und wie beurteilst du diese (z. B. psychologische Behandlung von *Clone Kids* nach Mord an ihrem Klon-Elter durch *Herkunftstherapeuten*, Kosten des Klonens werden nicht von den Krankenkassen übernommen)?

6. Mit dem Epilog lässt Charlotte Kerner nicht Siri selbst berichten, sondern beendet den Roman mit einem fiktiven Sachtext einer fiktiven Vorsitzenden einer fiktiven Universität. Welche Wirkung hat dieses Ende auf dich? Weshalb, glaubst du, beendet Charlotte Kerner »Blueprint« auf diese Weise? Diskutiere in der Gruppe oder Klasse.

7. Wortschöpfungen sind immer noch eine Art Steckenpferd Siris: Als Künstlerin nennt sie sich »Double-Jou«. Was vermutest du: Warum hat sich Siri diesen Namen gegeben?

____

____

____

____

____

Tipp

Auf diesen Seiten des Buchs findest du die gesuchten Angaben:
Hilfe zu Aufgabe 3: S. 166/167, 171–173

»Blueprint« im Unterricht © Beltz Verlag · Weinheim und Basel

»Ich trete nur in ihre Fußstapfen«

1. Erstelle in deinem Heft oder Lesetagebuch eine Kurve, die das Verhältnis zwischen Iris und Siri während des gesamten Romans darstellt. Markiere wichtige Punkte deiner Kurve mit Schlagwörtern aus dem Text.

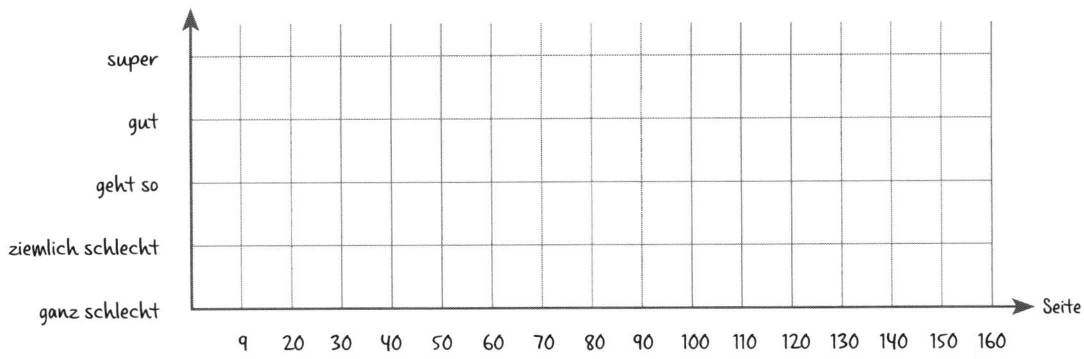

2. »Blueprint« ist als Mischung aus Ich-Erzählung und auktorialer Erzählweise konzipiert. Allerdings werden beiden Formen oft von direkter Anrede Siris durchbrochen: zum einen an ihre (tote) Mutter, zum anderen an den Leser, genannt »Einling«.

a) Suche je drei Beispiele für solche Textstellen.

b) Welche Wirkung haben diese Stellen auf dich als Leser?

3. Wenn von einer »Jungfernzeugung für Frau und Mann« (S. 14) die Rede ist, Iris im Juni des 22. Jahres stirbt und eine missglückte Aufführung des Stücks »Dein Leben« schließlich den Bruch zwischen Siri und Iris markiert, arbeitet Charlotte Kerner mit Metaphern und Symbolen.

a) Wofür können diese Metaphern und Symbole im Gesamtzusammenhang des Romans stehen?

b) Finde weitere Stellen und Zusammenhänge und ordne ihre Bedeutung ein.

c) Informiere dich im Internet oder in Lexika über Metaphern und Symbolik in der Literatur. Kannst du selbst welche erfinden?

4. Es gibt mehrere Textstellen, die einen Bezug auf die gesamte Thematik des Romans ermöglichen. Such dir eine aus und erkläre den Bezug zur Romanhandlung:

a) »Man liebt nur, was man kennt« (S. 63).

b) »Die Geschichte von Eréndira« (S. 65)

c) »Ein Klavier ist eine Musikmaschine und macht selbst die Töne. Du musst sie nur klingen lassen« (S. 76).

Tipp

Auf diesen Seiten des Buchs findest du die gesuchten Angaben:

- Hilfe zu Aufgabe 2: S. 14, 20, 27, 33, 38/39, 40, 44, 75, 103–105, 113, 117, 121, 151, 155
- Hilfe zu Aufgabe 3b: S. 9, 10, 22, 25, 35/36, 43, 59–62, 65, 76, 78, 104/105, 122/123, 131, 133, 140, 151, 155, 157, 164, 171–173

»Blueprint« im Unterricht © Beltz Verlag · Weinheim und Basel

»Die Jungfernzeugung für Frau und Mann«

1. Charlotte Kerner setzt die Technologie, die das Klonen von Menschen vielleicht einmal ermöglichen wird, bewusst in Bezug zu der widersprüchlichsten und gefährlichsten Technologie, der Kernspaltung: »Wir Klone sind wie kleine Atombomben. [...] Nach uns bleibt ein genetisches Hiroshima zurück« (S. 39).

a) Betrachte beide Technologien im Hinblick auf ihren möglichen Nutzen (z. B. Energiegewinnung bzw. therapeutisch-medizinische Zwecke) und ihren möglichen Schaden (z. B. Atomwaffen, Reaktorunglück bzw. Siris Beispiel, »Ego-Klone«, Eugenik). Welche Entwicklungen könnten vergleichbar ablaufen?

b) Spätestens seit dem Bau von Atomwaffen stellt sich die Frage nach der ethischen Verantwortung von Naturwissenschaftlern. Im Roman wird dieser Typus von Mortimer G. Fisher verkörpert. Diskutiere die Verantwortlichkeit von Wissenschaftlern anhand des Dürrenmatt-Zitats: »Nun ist es unmöglich, die Pflicht, ein Dummkopf zu bleiben, als ethisches Prinzip aufzustellen«.

2. Die Grundrechte-Charta der Europäischen Union verbietet das reproduktive Klonen von Menschen. Im Grundgesetz Deutschlands ist die Unantastbarkeit der Menschenwürde die erste und oberste Norm.

a) Findest du in Siris Leben Verletzungen ihrer Würde als Mensch?

b) Wie beurteilst du dagegen die Meinung des Gynäkologen und Klonbefürworters Severini Antinori, der das »absolute Menschenrecht, Nachkommen zu haben« (S. 181), über alles stellt?

3. a) Was, glaubst du, ist schlimmer für Siri: Allein die Tatsache, dass sie ein Klon ihrer Mutter ist – oder dass sie von ihrer Mutter mit der Absicht in die Welt gesetzt wurde, ihre Ziele zu vollenden, also das Leben ihrer Mutter weiterzuleben?

b) In unserer Gesellschaft werden Kinder in der Regel ohne eine bestimmte Absicht der Eltern gezeugt. Ist es vorstellbar, ein Klonkind ohne triftigen Grund zu gebären?

c) Gibt es Ähnlichkeiten zwischen Michael Jacksons und Siris Kindheit? Sammle Stichpunkte.

Info: www.jackson.ch/html/kindheit.html

d) War Michael Jackson, auch wenn er kein Klon war, genauso ein Werkzeug seines Vaters, um dessen Ziele zu verwirklichen, wie Siri? Diskutiert in der Gruppe oder Klasse darüber.

4. Stell dir vor, nach Siris Geburt hätte sich Iris Sellins MS-Diagnose als falsch herausgestellt oder es hätte eine Möglichkeit gegeben, sie zu heilen. Wie hätte sich Siris Leben mit einer kerngesunden Mutter entwickeln können?

Tipp

Auf diesen Seiten des Buchs findest du die gesuchten Angaben:
Hilfe zu Aufgabe 1b: S. 18–20, 38/39, 47–49, 79/80

»Blueprint« im Unterricht © Beltz Verlag · Weinheim und Basel

»Zweimalig kann kein Mensch sein«

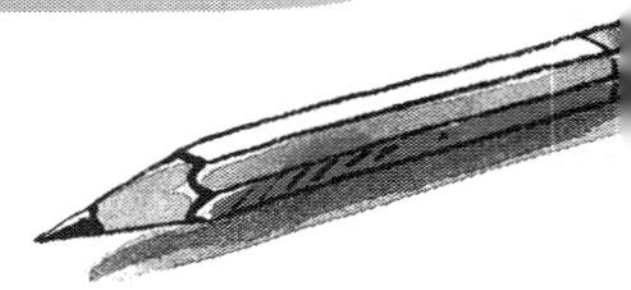

1. Erstelle zum Buch eine eigene Rezension.

Info

Eine Rezension (lat. *recensio* = Musterung, zu *recensere*) ist die kritische Besprechung eines Buchs. In einer Rezension beurteilt man also ein Buch. Man schreibt, wovon es handelt und ob man das Buch gut oder schlecht findet. Natürlich muss man seine Ansichten auch begründen. Wenn in einer Rezension fast nur oder ausschließlich negative Urteile zum Buch stehen, nennt man das einen »Verriss«. Buchrezensionen findet man in Zeitungen und Zeitschriften, im Fernsehen, Radio oder auch im Internet, z. B. bei Online-Buchhandlungen. Eine Rezension besteht oft aus folgenden Bausteinen:

- zusammenfassende Überschrift
- Titel und Autor/in des Buchs (evtl. Übersetzer/in, Illustrator/in)
- Zielgruppe (Altersangabe des Verlags) und Art des Buchs (z. B. historische Liebesgeschichte)
- die wichtigsten Themen und Handlungsaspekte
- eine kurze Inhaltsangabe
- inhaltliche oder stilistische Besonderheiten des Buchs
- positive und gegebenenfalls negative Urteile über das Buch und Begründungen dazu
- Gesamturteil oder Resümee (z. B. Weiterempfehlung)

Am besten gehst du so vor:

a) Sammle Rezensionen zu »Blueprint« (z. B. im Internet) oder zu anderen Jugendromanen, die du kennst, und lies sie aufmerksam durch.

b) Lege in deinem Heft oder Lesetagebuch eine Stichwortsammlung an, z. B. als Tabelle:

Inhalt	positive Aspekte	negative Aspekte

c) Mache dir Notizen zu folgenden Aspekten:
- Hat mir das Buch gefallen oder nicht? Warum? Was hat mir am Buch gefallen, was nicht?
- War das Buch spannend, realistisch, langweilig, traurig, abenteuerlich, bewegend und/oder anderes? Warum?
- Kann ich das Buch meinen Freundinnen und Freunden zum Lesen empfehlen?

d) Schreibe dann einen Entwurf deiner Rezension. Überarbeitet eure Texte gegenseitig, z. B. in Partnerarbeit oder in einer Schreibkonferenz.

e) Veröffentlicht eure Rezensionen in eurer Klasse in Form einer Wandzeitung, in eurer Schülerzeitung und/oder im Internet bei einer Online-Buchhandlung (z. B. www.amazon.de oder www.buch.de).

»Blueprint« im Unterricht © Beltz Verlag · Weinheim und Basel

»Siehst du zwei oder vier Augen?«

Wer bin ich?

»Blueprint« im Unterricht © Beltz Verlag · Weinheim und Basel

Lösungsvorschläge

K.2

4. Erkennen der wechselnden Erzählperspektiven; direkte Ansprache an Iris: Simulation eines Zwiegesprächs, Charakter einer verspäteten Abrechnung.

5. b) Gleichsetzung Klonen und göttlicher Schöpfungsakt → Wissenschaft maßt sich an, natürliche (göttliche) Prozesse zu steuern.

K.3

3. b) zielt ab auf kontroverse Diskussion: Welche Grenzen hätte eine Genehmigung zu klonen?

5. weiterer Bezug zu Religion/Mystik; Querverbindung zu K.3, Aufgabe 3b: Um sich von Iris' »Göttinnenstatus« zu emanzipieren, benötigt Siri ebenfalls einen mythischen Ort. Weitere Deutungsmöglichkeiten: Siri schaut »von oben« auf die kleinen Menschen bei ihrer Religionsausübung → Siri ist kein Teil dieser »Masse«.

K.4

4. Was hat Siri und was fehlt ihr? Eventuell im Anschluss an die geschriebenen Briefe herausarbeiten, was Siris Probleme (Suche nach Individualität, Gefühl, ein Duplikat, ein Werkzeug zu sein etc.) sind.

K.6

4. Perspektivwechsel: Wie sieht Iris die Situation → Ist sie in der Lage, Siris Probleme zu erkennen? Oder ist sie selbst Gefangene der Situation? Ist immer noch eiskaltes Kalkül ihr Hauptantrieb?

K.7

3. b) Herausarbeiten der Differenz eines »normalen« Selbstbewusstseins vs. Siris Selbstbewusstsein: eventuelle Ähnlichkeiten mit Eltern vs. Siris eindeutige Merkmale, innerlich und äußerlich.

4. Wie wirkte Siri nach außen? Das Interview könnte aufzeigen, wie ernst Siris Zustand tatsächlich war. Kann ein Außenstehender die Zwillings/Klon-Problematik nachvollziehen?

K.8

1. b) Verweis auf immer noch existierende Ähnlichkeiten mit Iris → in Kontrast zu Siris symbolischem Neuanfang (Aufgabe 1a).

5. Einerseits persönliche Ebene von Siris Erfahrungen (wie verwertet und beurteilt eine Gesellschaft/Wissenschaft Einzelschicksale → leistungsstarke Schüler können folgern: Was sagt dies wiederum über Gesellschaft/Wissenschaft aus?), andererseits gesellschaftliche Ebene (finanzieller und Bildungshintergrund, Eliten-Züchtung?), Querverbindung zu K.3, Nr. 3b.

K.9

4. a) Hinweis zu Iris' Motivation, sich klonen zu lassen, bzw. warum nur ein Klon für sie infrage kommt.

   b) Siris Entwicklung: Gleichnis wie auf S. 65 dargestellt bearbeiten. Lektüre der Kurzgeschichte von Gabriel García Márquez ist in diesem Zusammenhang nicht notwendig.

   c) Analogie von Siri und der »Musikmaschine«, die Iris klingen lässt.

K.10

2. Anwendung des abstrakten Begriffs »Würde des Menschen« → Akzeptanz, dass dieser Begriff weit über körperliche Unversehrtheit hinausgeht, aber eben auch unterschiedlich interpretierbar ist.

4. Wechselwirkung Iris zu Siri in einem anderen Licht. Was wäre von Iris zu erwarten gewesen, welche Auswirkungen hätte das auf Siri gehabt? Mögliche Aufhänger: Karriere als Pianistin, Pubertät, Rivalität.

K.12

Offenes Assoziationsangebot zur freien Ausgestaltung, das aber den eigentlichen Romankern nochmals eindringlich in den Mittelpunkt stellt; kann grafisch, schriftlich, verbal bearbeitet werden, im Heft oder Lesetagebuch oder auch direkt in der Kopiervorlage auf der Spiegelfläche.

»Blueprint« im Unterricht © Beltz Verlag · Weinheim und Basel